智元微库
OPEN MIND

成长也是一种美好

数字化转型系列

华为数字化转型

企业持续有效增长的新引擎

Digital Transformation of Huawei

"钻石"解码华为实践　"蓝血"演绎转型本质

周良军　邓斌　著

人民邮电出版社

北京

图书在版编目（ＣＩＰ）数据

华为数字化转型 ：企业持续有效增长的新引擎 / 周
良军，邓斌著. -- 北京 ：人民邮电出版社，2021.10
（数字化转型系列）
ISBN 978-7-115-57176-2

Ⅰ. ①华… Ⅱ. ①周… ②邓… Ⅲ. ①通信企业－数
字化－研究 Ⅳ. ①F632.765.3

中国版本图书馆CIP数据核字(2021)第163369号

◆ 著 周良军 邓 斌
责任编辑 宋 燕
责任印制 周昇亮
◆人民邮电出版社出版发行 北京市丰台区成寿寺路 11 号
邮编 100164 电子邮件 315@ptpress.com.cn
网址 https://www.ptpress.com.cn
天津千鹤文化传播有限公司印刷
◆ 开本：720×960 1/16
印张：18.75 2021 年 10 月第 1 版
字数：280 千字 2025 年 10 月天津第 16 次印刷

定 价：88.00 元

读者服务热线：（010）67630125 印装质量热线：（010）81055316
反盗版热线：（010）81055315

推荐序

以企业数字化转型助力我国产业数字化转型

当前，以大数据、云计算、物联网、区块链、5G、人工智能等为代表的新一代信息技术发展势头强劲，业已深入社会经济的方方面面。数据作为生产要素的作用日益显著，传统的土地、资本、劳动力等生产要素的作用受到不同程度的制约，碳达峰和碳中和目标的提出推动了生产方式的变革，产业数字化成为必然选择。应对新冠疫情的常态化催生了云上生活，逐渐成为大众的习惯。政府数字化也在加速推进，以适应并引导经济和社会的数字化。总之，人类社会进入数字时代。

党中央、国务院高度重视数字时代带来的新机遇和新挑战。《中国国民经济和社会发展第十四个五年规划和 2035 年远景目标纲要》中明确指出："迎接数字时代，激活数据要素潜能，推进网络强国建设，加快建设数字经济、数字社会、数字政府，以数字化转型整体驱动生产方式、生活方式和治理方式变革。"

产业、社会和政府的数字化转型互相促进，社会与政府的数字化转型为产业数字化转型营造了发展生态，产业数字化转型则为社会与政府数字化转型奠定了经济基础。企业数字化转型是产业数字化转型的主体，不仅关乎企业本身的未来，也与企业所在的产业链上下游密切相关，既受限于产业链上下游的数字化转型程度，也会深刻地影响其上下游的联动。

生产线装备的数字化改造是企业数字化转型的应有之义，但这仅仅是切入点之一。从生产过程看，企业数字化转型包括研发、设计、供应、生产、装配、质检、销售、市场、服务等环节，从产品创意到支撑客户使用服务的全生命周期。从管理维度看，企业数字化转型覆盖企业使命、发展战略、组织架构、人力资源、财务管理、营销服务等方面。企业数字化转型是一个系统工程，各环节和各层次同步推进是最理想的，但这往往不现实，实际上某些环节先行或某一层面重点发力，也能取得一定的效果。

有很多实例说明企业数字化转型在创新能力加强、生产效率提升、产品质量改进、生产成本下降、能效环保优化等方面的贡献，从更深层次看是通过对客户更优质的服务实现企业的可持续发展。但是，我们也要清楚地认识到，数字化转型成效的取得并非一帆风顺，企业数字化转型之路面临不少挑战。

第一，花钱买得到数字化转型所需的生产线装备的软硬件，但并不等于买到了数字化转型，因为企业是个性化的，买来的软硬件需要针对企业需要来适配和调试。另外，先进的装备与软硬件有可能被禁运和断供。

第二，企业现场装备的异构性和标准多样化，不利于对底层数据的采集，即便配置了企业大脑和工业互联网平台，也是头重脚轻，难以发挥作用。现在到了基于新一代信息技术开发工业互联网标准和工控产品的时候了，以便以新的架构开拓数字化转型的新格局。

第三，数字化转型需要信息技术（Information Technology，IT）与运营技术（Operational Technology，OT）相融合，需要精通信息技术的人才、熟悉企业生产流程的人才或者两者兼备的人才的紧密合作，而人才短缺是目前的普遍现象。

第四，用自动化替代生产线的工人，导致生产岗位结构性调整，用人工智能决策旁路了企业高管的作用，如果处理不好会形成数字化转型的阻力。事实上，企业数字化转型要避免见物不见人，工匠精神和工程师的经验仍然是不可替代的。

第五，关于网络与信息安全方面的挑战，数字化转型并非将企业生产线装备联到外网，企业现场级生产线的数据不应传到企业之外。此外，需要有更多的信创○产品来支撑企业的数字化转型。

综上所述，企业数字化转型不仅是生产方式的变革，也是企业组织架构和运行机制的变革，需要通过流程再造来适应，这也是对企业决策者决心和恒心的考验。

华为是一家大型的数字产业化企业，同时也是产业数字化的标杆，在企业数字化转型方面，华为做了有益的探索。本书的作者周良军和邓斌在华为工作十余年，对华为的数字化转型有切身的感受，华为在数字化转型中遇到的挑战还远不止前面提到的几点。本书以丰富、生动的案例回顾了华为数字化转型的实践，并将转型的经验归纳为"道"的"三力"（战略力、数字领导力、变革力）和"术"的"三驱动"（流程驱动、数据驱动、智能驱动）。本书略去对数字化转型所采用技术的介绍，将重点放在管理创新上，从华为在

○ 即信息技术应用创新产业，尤其是数据安全、网络安全的基础，也是新基建的重要组成部分。——编者注

管理变革过程中不同时期的战略思考，分析华为对数字化转型认识的不断深化和持之以恒的执行力，这也是华为数字化转型成功的经验。

如今，新一轮科技革命和产业变革扑面而来，而国际上百年变局与世纪疫情交织叠加，经济全球化遭遇逆流。面对不确定性的未来，数字化转型则是产业发展的确定性选择，对我国企业而言更是贯彻新发展理念、构建新发展格局、打造数字经济新优势的必由之路。华为数字化转型的经验值得所有企业学习与借鉴，但每一个企业都是独特的，期待有更多的企业创造出数字化转型的新经验，协同推进数字社会与数字政府的建设，强化创新在中国现代化建设全局中的核心地位，坚定不移地建设制造强国、质量强国、网络强国、数字中国。

中国工程院院士

时代巨轮：你好，数字世界

纵观人类文明发展史，新技术的突破性发展往往是社会变革和工业革命的开路先锋。

18 世纪 60 年代到 19 世纪中期的第一次工业革命，是以蒸汽机为动力的机器取代人力的机械化革命，推动了人类进入机械生产时代。

19 世纪下半叶到 20 世纪初的第二次工业革命，是以电力的发明和广泛应用为代表的能源革命，推动了人类进入电气时代和规模化生产时代。

自 20 世纪后半期开始的第三次工业革命，是以原子能技术、计算机技术的应用为代表的科技革命，推动了人类进入信息化时代。

21 世纪以来，人类进入了一个由数字化智能引领第四次工业革命浪潮的全新时代。人和自然的所有活动，都已经或者正在以数字孪生的方式存在于物理世界和数字世界两个空间。

"数字孪生"源自英文 Digital Twin，由美国密歇根大学教授迈克尔·格里夫斯（Michael Grieves）提出的"信息镜像模型"（Information Mirroring Model）演变而来，也被称为"数字双胞胎"或"数字化映射"。简而言之，"数字孪生"就是通过数字化技术将物理世界中正在运行的物体的真实情况在数字世界中近乎真实地复现——由点到面，由离散到连续，复刻出一个数字版的"克隆体",从而对现实物体的运行进行仿真、分析、预测和优化。

本书中出现的"数字孪生",更多的是指经过数字化转型之后企业业务全运营过程的数字化,这也可以被理解为业务运营的数字孪生。把企业的很多业务从线下发展到线上,把手工替换成自动,基于数据模型对物理世界进行建模、数据挖掘、数据分析以及智能推理预测等,使人们对企业运营的未来有更深刻、更准确的认知,以指导经营管理行动。这一方法与中国儒家学说"格物致知"的认知理论十分类似——推究事物的原理法则(格物),将其总结为理性知识(致知)。只不过过去的手段相对匮乏,如今有了数字孪生,人们完全可以凭借全方位精准格物来认知整个世界。

著名物理学教授迈克斯·泰格马克(Max Tegmark)在《穿越平行宇宙》一书中指出:与物理世界平行的,还有一个或者无数个数学世界。物理世界其实是由一系列数据结构构成的,宇宙就是数学本身。数字化,也许只是让物理世界能够被显性地表达出来,在网络世界、虚拟空间里还原的数学世界,比眼见的物理世界更全面,蕴藏着更大的财富宝藏和对未来的预知。

时代巨轮,不可逆转地挺进数字时代。2018 年,华为紧跟时代步伐,把公司的使命愿景升级为"把数字世界带入每个人、每个家庭、每个组织,构建万物互联的智能世界"。

滚滚长江东逝水,浪花淘尽英雄。没有成功的企业,只有时代的企业。让我们与华为一起,争当时代弄潮儿,勇立潮头,敢为人先,引领企业拥抱美好的新未来。

你好,数字世界!

目录
CONTENTS

绪论

回归本质：何谓数字化转型

未来所有成功的企业都将是数字化企业。这是 2020 年新冠肺炎疫情爆发后，越来越多的企业家认识到并强烈认同的一种观点。

前些年，互联网上一直流传着"飞猪理论"。所谓"飞猪理论"，就是"只要在风口，猪也能飞"。持这种观点的企业家认为，在互联网时代，成为优秀企业家的关键不是管理而是寻找或等待下一个风口。

随着数字化在各行各业的快速应用，基于现代管理理论的深入研究，越来越多有思想的企业家不认同或不完全认同这种观点。他们认为，互联网和数字化没有改变管理的本质，在当前的数字化时代，所有期望做大做强、向规模化发展的企业，都需要数字化转型。对这些企业来说，数字化转型不仅是长期战略，更是企业管理进化和迎接未来挑战的主要手段。不管是数字原生企业（比如阿里巴巴等互联网企业），还是非数字原生企业（比如华为等生产制造企业），数字化转型都是强化企业管理能力的有力帮手。**数字化管理的底层逻辑从来没有发生变化，那就是促进企业可持续地有效增长；提升效益、降低成本、构筑长期竞争优势。**

数字化从业者非常欣喜地看到，具有危机意识和远见卓识的企业家们，都在积极探索和思考如何在新的百年大变局中把握机会，快速开展数字化转型，把企业成功转变为数字化企业，以取得发展先机。尽管如此，他们与笔者接触的过程中，讨论常常会回归一个非常基础的问题：何谓"**数字化企业**"？

数字化企业的定义及其特征

笔者查阅过不少资料，发现业界对"数字化企业"并没有统一的定义。以下是几个典型的数字化企业定义。

- 百度百科：所谓数字化企业，是指那些由于使用数字技术，改变并极大地拓宽了自己的战略选择的企业。数字化企业具有自己的战略特点，其建立了一种企业模式，能够以新的方式创造和捕捉利润，建立新的、强大的客户和员工价值理念。

- 咨询公司埃森哲：真正的数字化企业并非只是依靠新技术取得成功。企业文化、战略和运营方式才是令数字化企业脱颖而出、拥有竞争优势的关键所在……数字化企业会不断寻求、识别并开发新的数字化业务模式，始终确保以客户和员工为中心。

- 咨询公司高德纳：数字化企业是以客户为中心，通过数字化技术推动自身业务重塑和转型的企业。

我们理解，百度百科的定义强调运用技术改变战略，埃森哲把技术、文化、战略和运营这几个方面的融合作为数字化企业的关键，高德纳则更聚焦于运用技术的业务重塑和转型。

结合华为的自身实践、业界对数字化企业所下的定义以及业务价值感知等方面的因素，本书为"数字化企业"下了一个定义：**数字化企业是具备连接、在线、共享、智能 4 大关键特征的企业**（见图 0-1）。

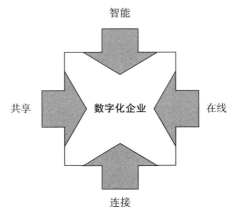

图 0-1　数字化企业的 4 大关键特征

连接

连接是企业数字化转型的基础。数字化企业首先是在基础层面互联互通、打通内外部连接的企业。一方面，其在企业内部实现了人与人、物与物、人与物、人与组织的全连接；另一方面，其在企业之间实现了与企业员工、客户、合作伙伴、供应商、外部数据空间的连接。

无论是企业内部的流程协同、与外部关联组织的上下游协作，还是与各类物理环境及设备的信息交互，都需要可靠、安全、高效率、高集成的全连接网络。随着移动互联网和云计算技术的发展，企业逐步走向泛在互联，即连接无处不在。互联网、移动互联网、物联网，人、机器、设备、物体都将成为数字网络中一个个有机联系的节点，从而形成一个相互连接的数字网络世界。基于这个相互连接的网络世界，企业数字化应用可以实现无处不在的在线化。

在实现企业连接的过程中，华为始终坚持先进性、前瞻性、全局性、标准性原则，充分考虑网络通信技术和互联网技术的发展趋势，确保网络的开放性、可扩充性、互操作性、可用性和可靠性。为此，华为打造了全球 One HUAWEI 办公网络、合作伙伴网络、移动办公网络、外网安全接入网络等，同时正在推动智能制造设备互联。不同人员（华为员工、客户、合作伙伴、供应商）、不同终端（PC、便携计算机、手机、平板电脑等），在不同时间、不同地点，只要遵循信息安全策略，就能快速、便捷、安全地接入网络协作平台，实现 7×24 小时全天候连接，获得所需的 IT 资源和 IT 服务。

在线

所谓在线，是指在连接的基础上，通过业务流程化和流程数字化，实现业务在线、组织在线。

（1）业务在线。业务在线是数字化企业的底座。企业通过流程数字化实现业务流程化、流程在线化。流程从手工模式转变为在线自动化模式，使企业的业务流与数据流实现同步和共生；推动以客户为中心的全业务从线下走向线上，通过数字化打通线下线上，创新商业模式。

华为通过流程驱动的业务变革与数字化转型，把着眼点放在流程视角以进行业务端到端的重构，获得高效的业务流程和高质量的在线。比如，在面向消费者的领域，营销服务是数字化转型的主航道，华为构建了以消费体验和服务效率为中心的在线营销服务平台——华为商城，很好地打通了线上与线下相结合的营销体系与服务体系。作为只卖华为自研产品的垂直电商平台，华为商城用了短短 5 年左右的时间，注册用户达到 2.8 亿人，跻身包括天猫、京东在内的电商排行榜前 10 位。华为商城希望未来能够提供更智能的产品、更优的体验、更个性化的服务。消费者在华为商城下单时，能根据自己的喜好定制手机，华为商城将通过全自动化的制造、物流，把产品快速送到消费者手中，通过数字化流程带来更好的客户体验、更高的运营效率和更领先的竞争优势。

（2）组织在线。组织在线是指利用数字化技术建立承载企业文化、员工与组织互动、团队协作、组织赋能、知识探索、员工服务的企业在线协同平台，实现组织的 24 小时在线服务。

英国组织行为学教授琳达·格拉顿（Lynda Gratton）针对现代企业面临的人力资源挑战和机遇，对全球 79 个国家和地区的多位企业高管做了调研。调研结果揭示，"员工体验"会给企业带来巨大红利，"员工体验"应该成为当今最重要的人力资源战略之一。因此，实现组织在线以改善员工的体验和服务，是数字化企业的重要任务。

华为在组织在线方面的实践走在全球企业的前列。早在 2008 年，华为就已在全球 100 多个国家和地区开展业务，海外销售收入占公司总收入的 75%，组织之间的沟通协作、前方客户组织和后方交付组织的联系变成非常频繁，组织协作因而面临极大的困难。为此，华为实施了名为"One HUAWEI"的协同办公数字化项目，该平台很好地提供了全球统一的组织在线服务。考虑到华为业务遍布全球，人员流动频繁，华为把人事服务、培训服务、查询服务、组织管理服务等全面在线化，全球华为人不论身处何处，都能保持"人"和组织的随时在线，保持人与人、人与组织之间的无缝连接、使组织管理更加扁平化，内部协同更加流畅，沟通更加简单高效。

共享

在数字化转型过程中，企业要注意逐步推进"大共享"的管理理念。成功的数字化应该包括两个关键共享服务：**共性业务的平台化和服务化，数据的资产化和业务的可视化**，从而推动企业在管理上朝着平台型组织转变。企业把具有共性特点的、能够集中的业务和数据，在企业全域乃至产业价值链条中进行平台服务化和全局共享，以支撑企业的高效敏捷和数字化经营。

共性业务的平台化和服务化，是通过数字化聚合业务职能。这些业务通过平台化共享之后，以服务包的方式被提供给各业务单元，各业务单元不再在常规性业务活动中重复耗费时间，更能聚焦于新的价值创造，这使企业全局的敏捷应变能力大大增强，提升了企业的协同效率。华为的专业共享平台能力建设屡试不爽，几乎渗透了企业职能所有板块，如全球财务共享中心、人力资源共享服务、全球采购共享服务、投标共享中心、制造共享、IT 共享、研发共享等，这也是华为能够在危机中进行业务快速转型、组织灵活变阵、推行面向业务场景的军团作战模式最重要的基础条件之一。

数据的资产化和业务的可视化，就是要实现全域、端到端拉通的数据共享，实现数据业务视角的可视化，实现数字化经营。华为从 2007 年开始的数据管理体系建设就是为了实现这一目标。共享特征的实现主要依靠数据驱动的数字化转型，本书后文会对此进行详细解读。

智能

"智能"一词已经成为当下的高频词，本书主要聚焦于企业智能。企业智能是建立在大数据和人工智能基础上的运营全面智能化，是企业具备"连接""共享""在线"特征之后的延伸，是企业数字化转型的高阶目标。

随着企业数字化转型的深化，企业进入以"数字孪生"为目标的全业务数据感知阶段，产生的大量业务孪生数据已经成为企业最核心的资产和生产要素。企业智能主要体现在三个方面：业务流程场景智能、业务管理决策智能和人际协作智能。

业务流程场景智能聚焦于提升流程效率，大量运用人工智能、机器学习、视觉感知等新技术对业务流程进行少人化、智能化等替代，实现技术与业务场景深度融合，为企业在效率提升、成本降低、作业安全、客户服务满意方面创造价值；把基于实时数据分析的流程决策融入业务流之中，改善企业运营流程和服务，提升流程自动化程度，降低成本和安全风险。举个例子，智能化生猪养殖是许多养殖企业进行数字化转型的重要方向，国内生猪养殖龙头企业 M 通过建立全面智能的养殖工厂，实现了生物安全全方位防控、生物资产全生命周期跟踪、精准个性化自动饲喂、环境监控、机器人清洁等，生猪死淘率明显低于同期全国平均水平，而且喂养成本和安全风险大大降低。

业务管理决策智能聚焦于提升决策效率，是基于大数据的智能分析平台，通过大数据和人工智能模型对数据进行有效分析，挖掘其背后蕴含的巨大商业价值，为管理者和用户提供千人千面的个性化、智能推送式业务经营和战略分析信息，推动企业决策前移和敏捷，引领企业战略前瞻部署，增强不确定环境下的竞争优势。

人际协作智能聚焦于提升人的效率，是指基于人与人、人与组织、组织与组织、人与知识之间的协同、交流和沟通等，构筑一站式智能协同办公平台，聚焦于人的数字化办公、群组的数字化协同，从个体和团队维度改善数字化体验，提高人的工作效率。

综上所述，具备连接、在线、共享、智能4大关键特征的企业，就可以被称为"数字化企业"。

当然，企业数字化转型是一个渐进式、螺旋式上升的过程，需要不断地迭代，一个台阶一个台阶地上升。由于新技术也在不断发展，今天处于数字化第一集团的领先企业，明天也可能成为数字化落后的企业，数字化企业需要持续运营和优化升级。因此，广大企业管理者必须认清一个事实：**数字化转型的目的不是数字化本身，而是企业的业务战略和企业自身的卓越运营。**为客户提供更敏捷、高效、低成本的优质服务和产品创新在任何时候都是经营企业的根本。因此，企业管理者在开展数字化转型时，要从实际出发，从战略出发，从客户出发，从最关键的需求出发，不好高骛远，不追求齐头并进，不本末倒置，如此才能引领企业成长为符合时代发展要求的全面数字化企业。

为何向华为学习数字化转型

华为是一家非常成功的企业。从 1987 年成立开始，到 2010 年首次以第 397 位的名次进入《财富》世界 500 强（是唯一一家没有上市的世界 500 强企业），到 2021 年时，已成为世界 500 强排名第 44 位的企业，华为的快速崛起让世人瞩目。

华为的成功是多方面的，有很多标签，比如企业家的战略高度、独特的企业文化、独特的股权架构、高投入的产品研发等。

毋庸置疑的是，华为的管理变革和数字化转型也是许多企业想一探究竟的领域，因为其承载的是华为最核心的管理。总有企业家或相关领域的研究专家好奇地问：华为到底是如何将数字化转型落地的？华为的成功与数字化转型有什么关系？

华为的成功，到底与数字化转型有多大关系

纵览华为的发展历程，我们可以清晰地看到，数字化转型在重要发展时期发挥着非常显著的作用。

从 1998 年起，华为邀请 IBM 等多家世界著名咨询公司，先后开展了数字化战略规划、集成产品开发变革、集成供应链服务变革、集成财经服务变

革和从线索到回款营销变革等一系列重大管理变革项目。其中，大家看到最多、讨论最多的是战略选择、流程、组织和运作机制，但有一个关键视角的价值被严重低估，那就是"业务数字化"（Digital Inside）。事实上，**华为管理变革背后都是典型的数字化转型工程。**

接下来，我们一起来回顾一下其中几个关键节点。

以集成产品开发变革为标志的管理变革和数字化转型，是华为迈出国门、成为国际化企业的铺路石和里程碑，一方面使华为产品的研发周期缩短了一半，故障率降低了95%以上；另一方面，由于全面推行这套标准化、数字化、全球异步协同的产品研发流程和管理体系，并且建立了基于该流程和管理体系的产品数据管理（Product Data Management，PDM）等数字化平台。因此，国际客户对华为产品的质量和创新有了充分的信心，推动华为迅速打开国际市场新局面，使华为海外业务从2000年出海初期屡战屡败的境况迅速实现了2008年超过75%的销售收入来自海外的大突破。可以说，集成产品开发变革作为华为有史以来规模最大的一场行动，为华为海外市场规模的扩大立下了汗马功劳。

以集成供应链服务变革和全球供应链（Global Supply Chain，GSC）为标志的供应链领域管理变革和数字化转型，在面对海外业务浪涌式增长、保障海外业务规模化低成本供应交付中发挥了巨大的作用。集成供应链服务（Integrated Supply Chain，ISC）变革把供应链流程的共性部分抽取成为共享平台，进行集中化管理，以获得成本优势，把数字化平台标准化，将集成供应链流程扩展到全球。经过3年的努力，华为供应链的及时齐套到货率从管理变革之初的 20% 提升到 85%，供应链处理效率提升了 35%，跻身信息通信行业全球范围内供应链运作效率最高的企业行列。

以集成财经服务（Integrated Financial Services，IFS）变革为标志的管理变革和数字化转型，不但拉开了华为数据治理体系建设的序幕，也支撑了华为从全球化规模增长向全球化有效增长的转型，大大提升了华为整体的经营管理能力和效益水平。时任华为首席财务官（Chief Financial Officer，CFO）的孟晚舟在解读 2014 年年报时指出，包括 IFS 在内的管理变革给华为带来的收益占整体收益的 72%。

任正非在总结管理变革和数字化转型的成果时说，华为 20 多年的持续努力取得了显著成效，基本建立了一个集中统一的管理平台和较完整的流程体系，支撑华为进入了全球领先企业行列。

孟晚舟在华为 2013 年业绩预告发布会上的发言也佐证了上述观点，她在回答华为利润增长来自哪里时指出，经过测算，华为 2013 年主营业务利润为 286 亿～ 294 亿元，主营业务利润率为 12.1%，同比上一年（9.1%）增长了 3 个百分点。这 3 个百分点中，2.8 个百分点来自管理变革，其中 IFS 变革贡献了 0.5 个百分点。

为什么要写《华为数字化转型》

中国某知名数字化媒体的董事长在与首席信息官（Chief Information Officer，CIO）们交流时，提出了一个深刻的问题："最近在一线跑，看到很多企业在焦虑情绪的驱动下非常容易被一些纸上谈兵的所谓'数字化专家'

误导，我们这些在数字化领域有很多实践经验教训的'老法师'，能否把过去的经验拿出来分享一下，为企业数字化带来更贴近企业、更具操作性的真知灼见？"

笔者也算是一位数字化领域的"老法师"，在这个行业有 30 多年的耕耘，尤其是在华为超过 17 年的数字化转型实践中，应该有些许拙见可以与企业家们、CIO 们、读者们分享交流。华为的实践即使无法被直接复制，至少也可以给大家一点启迪，帮助大家以史为鉴。

然而，当笔者坐在电脑前，准备开始写作的那一刻，内心竟然无比忐忑。

笔者一毕业就进入了 IT 企业，画过电路图、设计过计算机板卡、编过程序、写过企业资源计划（Enterprise Resource Planning，ERP），来到华为后从 IT 实施工程师做起，参与过华为第一个变革项目，做过华为刚成立的 IT 规划部门的总监，在之后较长时间内承担过华为 CIO 的职责。但归根结底，笔者作为华为的管理者之一，即使见证和参与过华为 10 多年的管理变革、流程建设、数字化转型，但可能仍然只看到华为数字化的冰山一角。

应该怎么谈数字化转型？数字化转型既是一个近几年兴起的概念，又是一个涉及行业面广、技术面宽、人员复杂的综合性话题。想高屋建瓴，则难免不着边际；要写实具象，又恐成技术流水账，因为数字化转型的主要困难不仅关乎技术本身，更关乎运用技术的人和组织。

以华为数字化转型实践为例，其涉及的话题如此广泛，一时竟不知从何说起。

从大规模开展 IT 基础设施建设（第一个全球领先的企业数据中心建设）
说起？

从 IT 软件包选型（第一个引进甲骨文公司的企业应用软件包）说起？

从热门的技术（比如数万研发人员试水桌面云）说起？

从 IT 战略规划说起？

从引进 IBM 顾问开展系统性的管理变革、业务流程建设说起？

……

所以，纵然笔者非常熟悉华为管理变革与数字化转型过程，在下笔时竟
然也如此纠结！

有一次，笔者回湖南老家，来到著名的 5A 级景区崀山，登上八角寨景点
的山顶，刚好雨过天晴，原本被厚厚的云层遮掩着的群山峡谷，随着太阳的
出现，云层慢慢变薄了，而被云雾吞没的丹霞奇峰，慢慢露出了头。从山顶
俯瞰，浮云缥缈，奇峰异石，恰似无数条鲸鱼在大海中嬉戏，呈现出"鲸鱼
闹海"的壮观景象，可谓之"莫畏浮云遮望眼，云海深处有惊奇"。

笔者瞬间找到了本书的写作灵感：虽然置身群山之中，眼里却像真真切
切感受到了大海的气息。也许，我们以为的现实，在不同人的眼里可能会有
不同的模样，所以没有必要过于纠结。作为一个在数字领域持续耕耘 30 年的
"老兵"，笔者从自己的切实体会的角度，把经历过的华为管理变革和数字化
转型所见所闻真真实实地分享出来，那就够了。作为读者，您看到的可能是
奇峰，也可能是鲸鱼，只要这些真实的分享能给您启迪，那就有价值。抛砖

引玉，何乐而不为？

如何全面理解华为数字化转型

有一次，一位企业高管告诉笔者，前些天某公司的董事长在参观华为东莞松山湖办公园区之后，感到非常震撼，回去后仍然在琢磨华为为何花140亿元修建这么漂亮的欧洲小镇式园区。

我告诉他，华为做很多事情的出发点和底层逻辑都是以客户为中心。比如，任正非亲自主抓的一件事——繁荣园区，除了能被看到的园区的外在美，更重要的是，任正非还希望进一步提升园区的服务水平和内在活力。例如园区每个小火车站都有咖啡馆，每个小镇都有高品质的餐厅。因为任正非认为，园区是客户、合作伙伴、员工共同学习、交流、工作的场所，让客户和合作伙伴愿意来此交流，让员工愿意在此工作，是值得做的事。把这件事情做好了，员工工作舒服，客户和合作伙伴开心交流，不就能"多打粮食"了？明白了这层意思，就能理解华为修建漂亮的办公园区、实施"繁荣园区"政策的逻辑，就可以更深刻地理解华为如何践行"以客户为中心""以奋斗者为本"的核心价值观。

之所以分享上述小故事，是希望读者在学习华为数字化转型经验教训时能由表及里，洞悉本质。企业在推进数字化转型时，除了需要关注"术"，更需要关注"道"。数字化时代的基本特征之一是技术不断被快速迭代甚至颠覆，技术的迭代速度与工业化时代相比变得更快、更难把握。华为昨天采用的数字化技术，今天可能已经过时；今天的技术也一定会在不久的将来被其他新技术取代。因此，学习华为数字化转型，要从理解华为的思考逻辑开始。

任正非在发表于 2011 年 12 月 25 日的一篇大文章《一江春水向东流》中写道："我们对未来的无知是无法解决的问题，但我们可以通过归纳找到方向，以此来预见未来。"

作为企业数字化先行者，华为尽可能地把数字化转型过程中的"道"与"术"具象呈现出来，把其落地过程中最真实的场景及华为吃过的亏、犯过的错都分享出来，供他人借鉴。因此本书聚焦两个方面：一方面，通过华为数字化转型各个时期的关键转型实践案例，全面呈现华为管理变革和数字化转型的过程、做法和成果；另一方面，通过系统性思考、总结和提炼，由表及里、深入解析华为数字化转型成功的底层逻辑，从中挖掘华为数字化转型实践冰山下的关键成功基因，找出可以成功复制的转型方法和框架，给读者提供一条更为通透、能够鉴往知来的数字化转型之道。本书不会刻意追求酷潮的新概念，也不会为了蹭热度、找风口而聚焦新的技术，本书追求真实和启发性，以期读者能够从中撷取一二。

华为数字化转型模型：钻石模型

建立"钻石模型"的初心：以规则的确定性应对结果的不确定

中国有一门古老的民间手艺——锔瓷。手艺人用金刚钻在瓷器上打孔，再用像钉书钉一样的铜锔钉，把破损的、碎片化的瓷器"锔"起来，将破损瓷器整修在一起，修复一新。这就是谚语"没有金刚钻，别揽瓷器活"的出处。

数字化转型也是一项很复杂的"瓷器活"，需要有靠谱的"金刚钻"，才能在公司已有的老业务中"锔"出数字化转型的"新瓷器"。笔者反复思考一个问题：有没有一套简单实用、能够举一反三的模型可以用来指导企业的数字化转型？

其实，在数字化时代，数字化转型与管理变革、业务变革、流程重整等是同一个事物的不同方面，它们之间密不可分、相互作用并互为支撑。有时有些企业会将之割裂，比如做流程时只做流程，变革组织时只变组织，进行数字化转型时只建立 IT 系统。我真心地替它们捏一把汗，很担心它们无功而返。这样割裂的做法，不仅会影响团队对数字化转型的信心，更致命的是错过了转瞬即逝的行业机会窗——它不会一直停在打开状态等待大家。

我们要坚信，不应该以企业内部应用了多少种新技术来衡量企业数字化转型的成功与否，而应该以数字化给业务和管理带来多少价值作为准绳。因为从技术发展角度来看，正如摩尔定律"计算机的性能每 18 个月翻一番"的预言，数字化技术的发展一日千里，今年业界热捧的领先技术，明年就很可能过时了；如果不是从业务价值出发，只是基于某些新的技术定义数字化转型目标，或者讨论数字化转型方法论取舍，恐怕只是赶时髦、追风口，难以持久。所以，讨论数字化转型的目的不是介绍新技术、新系统，而是探讨如何建立基于数字化技术的企业管理模式，讨论的重点是技术背后的方法和实践中的经验与教训，本质是管理体系的构建。

华为在构建自身的管理体系时有一个基础逻辑：**以规则的确定性应对结果的不确定**。

数字化转型也遵循这个基础逻辑，企业需要拥抱数字化时代，构建一个不依赖个人、不依赖技术的管理框架（规则的确定），以应对外部环境动荡、企业竞争变化和技术更新发展带来的不确定性（结果的不确定）。用任正非的话说，"即使有黑天鹅，也让黑天鹅在咖啡杯中飞"。咖啡杯就是被稳稳端在企业家手中的确定的规则。

从 1998 年开始，华为吹响了"向西方学习管理"的号角，开始进行大规模的管理变革和数字化转型。在数字化建设上，华为奉行适用主义原则，无论国外的技术还是国内的技术，适用就好；在管理哲学上，华为坚持以"先僵化、再固化、后优化"和灰度理论为指导，经过 20 多年的持续实践，成功完成了一系列管理变革、业务流程重整和数字化转型工程，卓有成效地打造了华为的管理优势，全面搭建了华为全球有效增长的发展格局。

"钻石模型"的逻辑关系："三力"合道 + "三驱"合术

任何重大变革的成功，都是各种内部因素和外部因素共振的结果，但内部因素起主导作用。因此在学习华为管理变革与数字化转型时，我们也应该重点关注内部因素。为此，**本书结合华为 20 余年的管理变革与数字化实践，总结出了华为数字化转型的"金刚钻"——钻石模型（见图 0-2）。该模型用"三力"解码数字化转型之"道"，勾勒出基于实践的数字化转型方法和规则；用"三驱"阐述数字化转型之"术"，让读者了解华为数字化转型的关键行动以及实践中的经验教训。**

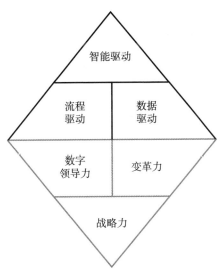

图 0-2　华为数字化转型模型：钻石模型

数字化转型之道：战略力 + 数字领导力 + 变革力

据国外咨询公司麦肯锡在 2018 年的调研分析，企业在数字化转型中失败或不达预期的比例高达 80%。许多失败企业并非不努力，为什么还是不能成功？笔者认为，恐怕是"冰山"之下的"道"出了问题。"道"不对，越努力越背道而驰。

"道"代表万物的开始、根源、本质；数字化转型之"道"的本质是找出实现数字化转型"一生二，二生三，三生万物"的规律，这些规律被发现并被固化后就成为机制。

华为数字化转型最重要的一个特征是，数字化转型从一开始就不是单纯的 IT 项目，完全不同于当时大部分企业的信息化建设工作。华为数字化转型的目标是公司的管理体系建设，因此华为的数字化一直与管理变革、业务转型、流程重整紧密地结合在一起，是以业务需求为导向、流程与 IT 相结合的端到端的业务变革。

因此本书提出：**战略力、数字领导力和变革力是最为关键的数字化转型成功因子，也是华为管理变革与数字化转型过程中的核心理念和管理方法，是企业数字化转型之"道"。**

（1）**战略力。**战略力明确了企业数字化转型的本质，是数字化转型的纲领、方向和定位，企业要避免开展数字化转型像无头苍蝇一样四处碰壁的现象。笔者观察了业界多个数字化转型项目案例，发现它们具有一个共性特征：但凡没有上升到企业战略高度的数字化转型项目，最后无一例外都以失败而草草收场。企业需要依靠战略力，建立数字化转型的共同目标和共享愿景，将数字化转型从领导想做、个别部门要做，变成企业必须做、大家一起做的共同战略。

（2）**数字领导力**。企业领导者在数字化转型过程中的决策，往往是决定数字化转型成败的关键要素。技术只是数字化转型成功的关键之一，更主要的还是企业有没有数字领导力，有没有推动企业数字化转型的决策能力和指挥能力。在数字化时代，传统的领导力是否足以支撑企业数字化变革的需要？新型数字领导力和传统领导力的本质区别是什么？如何构建新型数字领导力？笔者在本书第 2 章清晰地给出了这些问题的答案，供读者参考。

（3）**变革力**。变革力的本质是用规范化的制度管理数字化转型的执行落地过程。笔者简明扼要地提出了转型与变革过程中必须遵循的核心原则、组织体系以及变革管理的重点和方法；特别值得强调的是，变革的本质是对人的行为的重塑，因此变革要强调转型过程改变人的行为的重要性。

综上所述，数字化转型之道可被归纳为：有了正确的方向和定位（战略力），有了企业领导者拥抱时代的新型领导力（数字领导力），有了变革管理机制的有效运作（变革力），企业就掌握了数字化转型的基本规律。不管数字技术如何演进，不管外部环境如何不确定，企业都能以确定的"道"，从容应对数字化转型，以事半功倍的能效，稳步实现企业数字化转型的目标。

数字化转型之术：流程驱动＋数据驱动＋智能驱动

有了"道"的认知，还需要借助"术"来助力落地。前文给数字化企业下了一个定义：数字化企业是具备连接、在线、共享、智能 4 大关键特征的企业。这 4 个关键特征，除了"连接"是数字化基础和使能[○]的共性手段，其他特征的实现都依赖于"三个驱动"的转型之术——流程驱动、数据驱动、智能驱动。

流程驱动聚焦"在线"特征，通过业务流程化和流程数字化，实现业务在线、组织在线。

数据驱动聚焦"共享"特征，实现共性业务的平台化和服务化，实现数据的资产化和业务的可视化。

智能驱动聚焦"智能"特征，实现业务流程场景智能，实现业务管理决策智能，支撑企业在不确定的多场景中保有可持续增长的态势。

华为数字化转型在以上三个驱动方面拥有丰富的实践经验。

（1）**流程驱动数字化转型阶段**。华为数字化转型的基础阶段，既是最艰难的同时也是最有成效的数字化建设阶段。在这个阶段，华为开始在业务、流程、组织、IT 等方面为数字化转型打地基：在业务上，向全球优秀管理实践学习，建立规范化的管理体系；在流程上，基于数字化进行重整，建立高效简洁的运营流程；在组织上，基于流程进行适配，建立流程化的端到端组织；在 IT 上，聚焦主航道、主流程，打造以客户为中心、有竞争力的业务在线数字化主平台。这 4 个方面所有动作的共性特点是，在"连接"的基础上构筑"在线"，华为人的专用术语则是"拉通"。

○ 使能，使之具备某种能力。它是华为内部的标准术语，英文为 enable，业界又称"赋能"。

（2）**数据驱动数字化转型阶段。**华为以 IFS 变革项目为契机，开启了数据驱动数字化转型阶段，该阶段又被称为华为数字化转型进程中以数据为中心、以"共享"为特征的阶段。在这一阶段，华为聚焦数据治理和数据质量，主张跨流程的数据共享，对主数据持续改进，建设数据分析和管理平台，实现基于产业价值链的业务协同和平台协同共享。在该阶段，"共享"成为数字化转型的关键词，数据共享与持续的业务云化形成更紧密的融合双轮，深化企业数字化转型成果，提升数字化在业务层面的价值感知。

（3）**智能驱动数字化转型阶段。**在云计算、物联网、大数据和人工智能等新技术的加持下，在企业"连接""在线""共享"形成的数字化基础上，如何让业务更"智能"成为新的数字化诉求，企业由此步入数字化转型的高级阶段——以"智能"为关键词，构筑面向管理者、员工、客户、合作伙伴、供应商的全方位个性化体验的企业数字化能力，成为领先的数字化企业。

特别要提醒读者的是，本书前文在解读流程驱动、数据驱动和智能驱动时，虽然使用了"阶段"一词，但其并不是完全串行线性递进的发展阶段，它们在实际应用中经常呈现并联重叠的关系。

比如，流程驱动是聚焦业务重构数字化流程，这是数字化转型的基础。在这个阶段，从企业的角度来看，数据是不完整的，所以不要硬性强调以数据为中心。不过，数据已经在随着业务的开展而逐步产生，所以企业也需要开展有限度的数据治理工作；流程驱动还可能会运用一些成熟、智能化的工具来改造业务流程，因此也会使用智能驱动的方法论。

比如，数据驱动也并不需要在流程数字化全部实现后才开展，它可以伴随流程的持续优化构筑数据共享价值；数据驱动的成果也并非智能驱动的唯一输入，智能驱动也并不会待数据驱动的数据治理完成后才启动。

比如，智能驱动虽然在一定程度上依赖数字孪生、智能传感、人工智能等方面的发展进步，但如果应用场景不成熟，流程在线、数据共享、技术领先等储备再多，智能化也无法在业务上实现。

总之，数字化转型在行动上必须采用渐进思维，在转型推进过程中一定会有所取舍，每个阶段都会有每个阶段的聚焦点，企业需要根据行业的发展阶段、企业自身业务的特点、自身数字化的基础及战略意图的需要，在流程驱动、数据驱动、智能驱动三大"术"方面厘清数字化转型的优先级，选择最适合自己企业的数字化路径。

任何模型都无法涵盖现实世界的一切，数字化转型是一个非常复杂、涉及面非常广的系统工程。本书提出的华为数字化转型模型——"钻石模型"肯定有其不足之处，读者在企业中实践运用该模型时，需要根据企业自身的情况加以适当调整。碰到问题时，只要不僵化、不冒进、实事求是，坚持管理常识，坚持灰度思维，就没有过不了的难关。

读者对数字化转型的以上关键认知达成共识后，其实就已经抓住了数字化转型的"牛鼻子"，让我们共同打开"钻石模型"，把握其"道"和"术"，通过诚心向华为这样的领先者学习，最终引领企业成为所在行业的领先者。

本书各章精要内容速览

为了便于读者快速找到自己感兴趣的内容，此处，对本书各章内容做一个概览。

前言让人们了解自己已经处在一个革命性的数字时代。

绪论告诉人们未来所有成功的企业都将是数字化企业，数字化企业的4大关键特征是连接、在线、共享、智能，并根据华为的数字化实践，提出了数字化转型模型——钻石模型。

在此基础上，本书按钻石模型分为上、下篇，分别介绍数字化转型的"道"和"术"。

华为数字化转型之"道"包含"三力"，即战略力、数字领导力、变革力。

第1章强调要凝聚数字化战略共识，要把数字化的目标对准全面使能"以客户为中心"的管理变革和企业的有效增长，进一步厘清数字化转型不是技术转型而是业务转型、管理变革工程，必须坚持以业务变革为主导的管理体系建设，突破数字化战略困局的方法只能是坚持长期主义的战略方针。

第2章明确了数字化转型首先是企业管理层自身的数字化转型，提出要培养以自我批判为基础的数字文化，要在实践中培养企业管理层变革的主动性、数字技术的敏锐性、数字化的行动力等新型数字领导能力，要坚持对标行业标杆，开放学习，建立具有数字化核心能力的数字化组织。

第3章提出必须先有变革力，才能有高效执行力；介绍了数字化转型变革的管理框架和方法，讨论了建立包括变革委员会、变革管理团队和变革项目管理组织在内的变革管理体系及运作模式，引入架构管理的思路，明确了变革管理的关键就是改变人的行为习惯，最后重点阐述了华为变革管理中最重要的"七个反对"原则。

在"道"的基础上，**华为数字化转型之"术"包含三个驱动，即流程驱动、数据驱动、智能驱动。**

第4章以华为管理和流程建设实践为案例，指出流程驱动数字化转型的本质就是以终为始、以客户为中心的流程数字化和企业在线建设，要从主干流程和主航道入手，开展以客户为中心的端到端业务变革，并把目标对准"多打粮食"和"增加土壤肥力"，要坚持主干简洁，末端灵活，坚持IT基础设施建设适度超前思维，最后强调流程不是复杂的代名词，流程变革的目标应该是简化管理、提高效率。

第5章介绍了华为从IFS变革开始的以数据和业务共享为中心的数字化建设，指出数据驱动数字化转型的目的是数据驱动决策的数字化经营，实现全流程业务数据的实时、准确、可视，支撑业务的基本决策分析和业务洞察；探讨如何建立包括数据组织、数据治理体系，以及包括防攻击、防泄密、防特权在内的数据安全体系，进一步探讨企业如何利用数字化手段成为高效、敏捷、共享的平台型组织。

第 6 章以华为在智能化方面的思考和尝试为例，指出企业的智能化是数字化转型的高级目标，智能驱动数字化转型的终极目标是打造万物互联的智能化企业；强调人工智能、5G、云计算、物联网等前沿数字化技术是智能驱动阶段的主要助推器。智能的存在是为了支撑企业的运营效率，而运营效率主要体现在三个方面：流程效率、决策效率、人的效率。本章通过案例，分析华为当前在智能驱动数字化转型实践中主要聚焦的三个方面：业务流程场景智能、业务管理决策智能、人际协作智能。

后记是对数字化转型在未来新场景下的深度思考，笔者分享了四点看法，供读者参考。

附录是一个涵盖流程驱动、数据驱动和智能驱动的全场景数字化转型案例，通过剖析华为供应链领域从集成供应链到全球供应链，再到智能供应链的变革来俯瞰贯穿流程驱动、数据驱动、智能驱动三个阶段的供应链持续递进式变革路径，再次说明数字化转型是一个持续过程：只要业务有问题，只要业务有新的目标需要突破，数字化的脚步就不能也不会停歇。

让我们借鉴华为的数字化转型实践，一步一个脚印，用好"数字化"这一企业持续有效增长的新引擎，不断走向新的成功。

上篇

华为数字化转型之道：
三力

第1章

战略力

人们正在穿越一个原本仅有物理存在的宇宙世界，进入一个由数字化革命带来的、极速变化的、物理与数字平行共生的世界。人们是否为应对眼前的机遇和风险做好了准备？

- 抓住千载难逢的发展机遇，核心是千万不要抱有机会主义，要有战略决心和耐心。

- 华为发展的潜力一定是在管理上，而管理的最重要手段就是数字化。坚持以流程优化为主导的管理体系建设，不断优化非增值流程和增值流程，不断改良、不断优化、无穷逼近合理，是华为长期坚持的战略方针。

- 数字化转型的本质不是技术转型，而是端到端的业务转型，是管理变革工程。

- 真正的数字化转型，是业务价值链的全面数字化，必须回归企业经营的根本；业务全面数字化的目标是全面使能"以客户为中心"的管理变革和企业的长期有效增长。

- 数字化战略落地的基础是"共识"。战略共识来自对数字化的认知，认知深度决定战略高度。

- 突破数字化战略困局的方法只有一个：数字化转型必须坚持长期主义。在经营管理上坚持长期主义的价值主张，决定了华为在数字化转型的战略选择上必然也是以长期主义为导向的。

数字化转型：企业的核心战略

2020 年以来，一场猝不及防的新冠病毒疫情席卷全球，对各国政府、组织、家庭、个人产生了巨大的冲击。就企业而言，疫情改变了商业发展的节奏、人类传统的沟通方式，极大地影响了市场竞争的格局。一时间，企业如何战胜困难、度过这一艰难时刻成为企业家和市场热议的话题。于是，大家自然而然地把眼光投向了近几年逐步发展起来的"数字化"。

根据国际数据公司（IDC）的调研报告，全球 2022 年的数字化转型支出将达到 2 万亿美元的规模，每年增长超过 15%，史无前例的数字化浪潮已然席卷全球，不管是基于防疫的环境需要，还是企业与企业之间的商业协作需要，抑或企业自身主动的转型发展需要，企业都已走在数字化的路上。

此时，企业面临一个关键的问题：**企业数字化转型的起点在哪里？**

先来看一个成功案例：美的集团如何成功开展数字化转型。

2012 年，美的集团正式从何享健时代走向方洪波时代。美的集团的核心发展战略从追求增长规模转为追求增长质量，美的当时提出了"产品领先、效率驱动、全球经营"三大策略，并启动了"632 数字化转型"战略（6 大运营系统、3 大管理平台、2 大门户和集成技术平台），开启了美的数字化转型之路。美的管理层介绍，美的近几年在数字化转型上总计投入超过 100 亿元，并且还会继续投入，以实现"数字美的"的战略目标。

美的集团董事长方洪波在 2020 年集团经营管理年会上说出了他在数字化转型方面的战略决心，方洪波说："**'全面数字化、全面智能化'是创新变革的重中之重，是美的集团目前最核心的战略，我们会更坚定地投入，进行更有前瞻性的布局。未来我们要打造数字化美的，希望通过几年的时间实现真正完全价值链意义上的数字化！**"他表示，美的摸索出的路径就是智能化、自动化、数字化，围绕这些方面对价值链进行重构。所谓价值链重构就是从数据出发，进行分析、计算、重构并实时指导生产。

笔者有幸在 2012 年受邀参与美的集团的培训和"632 数字化转型"项目，见证了当年美的集团上下对数字化转型的重视和决心。美的从一开始就在战略层面将数字化战略与企业愿景及业务战略进行衔接，提出"一个美的、一个体系、一个标准"的构想，是家电行业内真正从战略高度全面推动数字化转型的企业。美的在数字化转型的加持下，在家电市场势如破竹，已经超过其他竞争对手。我们通过美的等企业的经营数据也可见一斑。

美的集团：2020 年总营收 2857.10 亿元，同比增长 2.27%；实现归属于母公司的净利润 272.23 亿元，同比增长 12.44%。

海尔智家：2020 年总营收 2097.26 亿元，同比增长 4.46%；实现归属于母公司的净利润 88.77 亿元，同比增长 8.17%。

格力电器：2020 年总营收 1681.99 亿元，同比下降 15.12%；实现归属于母公司的净利润 221.75 亿元，同比下降 10.21%。

美的集团依旧是三大家电龙头企业中总营收最高、利润增长率最高、可持续增长后劲很足的公司，这些成绩的取得，在很大程度上是美的把数字化转型作为企业核心战略的结果，而其全价值链数字化的经验也产生了"破圈"效应，成为家电行业之外很多企业学习的榜样。

我们再来看一看华为数字化转型实践。华为非常早就开始了数字化进程，并仍然在持续转型。

华为所处的行业是信息与通信技术产业（Information and Communications Technology，ICT），所以对数字化未来的认知具有更多的开放性与前瞻性，容易打破数字认知局限。早在 1995 年，任正非就洞察到未来信息网络会加速发展，"华为要抓住千载难逢的发展机遇，核心是千万不要抱有机会主义，要有战略决心和耐心"。如果没有抓住机会，华为就会像当年大名鼎鼎的美国王安电脑有限公司一样迅速走向衰落。⊖

如何抓住机遇？任正非说："**华为发展的潜力一定是在管理上，而管理的最重要手段是 IT。**"因此，华为于 1998 年进入 IBM 管理体系进行管理变革和数字化转型时，明确指出："坚持以流程优化为主导的管理体系建设，不断优化非增值流程和增值流程，不断改良，不断优化、无穷逼近合理，是我们长期坚持的战略方针。"

经过长期的管理变革和数字化转型，华为基本上建立了一个统一的管理

⊖ 1951 年，美籍华人王安创建"王安实验室"，1955 年正式更名为"王安电脑有限公司"。20 世纪 80 年代，王安电脑有限公司成为世界上最大的字处理机生产商，高峰时年销售 35 亿美元。因错失战略机会、治理结构存在问题、创始人离世、经营不善等，王安电脑有限公司于 1992 年申请破产保护，震惊世界。

平台和基本完整的流程体系，基本实现了业务流程的数字化，这一过程支撑了公司进入 ICT 领域的全球领先行列。可以说，华为业务持续高速增长和商业成功，正得益于"把管理变革和数字化转型作为企业战略"的成功执行。

IDC 的报告显示，在全球排名前 1000 的大企业中有 2/3 的企业已经或正准备把数字化转型作为公司战略的核心。回到本节开头提出的问题：企业数字化转型的起点在哪里？美的、华为及全球领先企业用实践给出了清晰的答案：**唯有将数字化转型升级为企业核心战略，数字化转型才有用武之地。**在数字化转型成为中国企业乃至全球企业的一种新常态的环境下，企业要持续成长，必须顺应潮流，尽早开启数字化转型之程，从企业战略方向和业务发展目标出发推动数字化转型。

长期主义的数字化转型：5 大特质

虽然很多企业管理者已经就企业数字化逐步达成了较为广泛的共识，但根据业界的调查结论，不少企业管理者仍然缺乏紧迫感和行动力，反应迟缓。有些企业的数字化只是为了应付外部法律法规，有些企业只是为了满足对接商业环境的需要，有些企业把数字化等同于网上办公平台，有些企业甚至认为数字化是锦上添花的附加题，等等。说到底，这些企业还处在数字化转型的空谈阶段、混沌阶段或初始阶段，其数字化仅仅是短期行为或局部改进。这些企业很可能因为没有及时进行数字化转型而失去发展机遇。

几年前，深圳一家年营收上千亿元的集团型企业邀请笔者前去交流，他们准备启动流程变革和数字化转型。这家公司的 CIO 向笔者介绍企业的现状：公司各业务板块、各分公司各自为政，集团层面没有建立统一的数字化平台（之前已上线的 ERP 也主要出于对外需要，以记账为主），其部门的 IT 人员有 10 多人，主要做一些支撑维护工作，每年的 IT 投入不到公司总营收的万分之一。在他们的会议室，笔者看到一套视频会议设备，这位 CIO 告诉笔者，这是 IT 部门花很少的钱，从电脑城买零部件回来自己组装的视频会议系统，由于系统启动非常复杂，每次需要使用时，技术人员都要事先进行现场调试，有时候会议开始半小时了，视频会议室还没有调试完毕，现场很尴尬。

笔者听完也略显尴尬地笑了笑，说："咱们公司做数字化转型，基础条件相对弱了点。"

类似的例子不在少数，比如有些企业购买并开始使用 IT 系统后，基本上不做后续投入，有需求修改就打个补丁，有新需求就加个功能，这样看起来好像既快速响应又节约成本。殊不知，几年后，因为缺乏架构规划牵引，系统多处出现"肠梗阻"，慢得像蜗牛，数据还容易出错，业务部门也不再指望 IT 系统。在数字化转型的进程中缺乏长远规划的企业，只能在现有系统上修修补补或局部改进，这些问题最后毫无悬念地一个接着一个"爆雷"，彼时将没有足够的补丁来掩饰这些问题。

真正的数字化转型，是业务价值链的全面数字化，必须回归企业经营的根本；业务全面数字化的目标是全面使能"以客户为中心"的管理变革和企业的长期有效增长。企业必须抓住核心业务当下及未来的客户关键需求，围绕业务收入增长、经营效率提升、客户体验优化等方面，进行系统性的业务重塑、全价值链的重塑。

在这种认知之下，企业只有抛弃以往采取的点状式 IT 化、功能部门驱动的信息化模式，转而采用由战略驱动、前瞻性规划、价值链全链条数字化的模式，才能在激烈的竞争中真正打造企业的数字化能力。

业务重塑的过程不可能一蹴而就，不可能突然全面开花；四处都是战场，极易导致企业投入过大、缺乏关键资源、数字化能力跟不上等一系列问题，影响团队对数字化的信心，就如同换汽车轮胎，一次换一个都要小心谨慎，一次换多个极可能造成危险。

那么到底什么才是开启数字化转型的正确姿势？笔者认为，答案是**数字化转型必须坚持长期主义**。数字化转型战略是长焦距望远镜。

一个企业的经营管理理念，既可以是机会主义，也可以是长期主义，选择的道路不同，做法自然不同，就如同在二级股票市场，短线投机和长期投资都有其生存的空间。

华为的经营管理理念是坚持长期主义，不为短期利益所动，坚持围绕核心竞争力来发展。因为秉持这种经营理念，华为从不追求利润最大化，而追求成长最大化，因此华为在研发上坚持高投入，在管理上坚持"深淘滩、低作堰"，在销售上坚持赚取合理利润和做厚客户界面。举个例子，有一年华为某个区域销售毛利太高，任正非立即要求当地代表处把高出的利润回馈给客户，包括提供更多的客户培训和优质客户服务等，华为赚取合理利润即可。一定要让客户赚到钱、帮助客户实现自身的商业成功，客户才会持续选择华为。

信息通信行业以前一直是技术驱动的行业，企业研发高投入创新产品、制定高价，赚取超额利润，回收研发成本，再投入开发新产品。任正非说"要分析清楚我们该如何活下去。如果我们还是说，设备有多好，应该多卖钱，我就要给大家讲王小二卖豆腐的故事。"

"王小二卖豆腐"的故事如下。王小二在街边开了一家豆腐铺，豆腐很好卖，每块豆腐卖两元。见王小二利润可观，有人就在对面也开了一家豆腐铺，于是王小二把豆腐的价格降到每块一元。后来，豆腐店越开越多，豆腐的价格继续下降，再后来，王小二的豆腐铺因为入不敷出倒闭了。任正非最后解读了这个故事的启示："未来的市场发展靠的是管理进步，只有保持低重心，才能紧紧抓住土地。"

华为在经营管理上的长期主义的价值主张，决定了华为在数字化转型上的战略选择也必然是长期主义。

从 1998 年开始，华为的管理变革实质上就是基于数字化进行业务重塑，既是管理变革、业务转型，又是数字化转型。这一过程已经持续了 20 多年，单是在咨询服务方面的投入就超过 300 亿元。虽然有长期战略的考量，但在管理变革之初，华为也没有料到变革如此艰难复杂。集成产品开发（Integrated Product Development，IPD）变革是最早启动的管理变革项目，项目初期规划用 9 个月的时间完成，而 IPD 变革项目实际完成整整花了 5 年的时间（还不包括后续的迭代优化和项目耗费的时间）。

经历了早期的管理变革项目，华为更加深刻地认识到变革和转型的艰巨性，这也为后来任正非提出变革的"七个反对"埋下了伏笔。本书后文将对"七个反对"进行详细解读。而在 IPD 变革开展 15 年后的 2012 年，IPD 流程成熟度（华为评估流程质量的一种模型）仍然只从变革初期的 1.5 分（5 分为满分）提高到 3.3 分，直到 2016 年终于超过 3.5 分（3.5 分是华为认可的变革成功的门槛）。即使一个流程领域达到 3.5 分，公司各大流程之间的结合部依然需要管理变革拉通，而且这些跨部门的拉通更是难啃的"硬骨头"。

所以，如果华为没有坚持长期主义，就不可能有今天的管理进步，也不可能保持业务长期有效增长。华为数字化转型的本质是把企业所有管理的流程制度根植于数字化平台之中，同样需要坚持长期主义，这主要体现在如下

5 点特质中。

特质一：数字化转型是一场不可逆的征程

数字化转型的首要目标是企业在线，也就是把企业"搬"上互联网。企业一旦走进数字世界，就如同从马车走马路的时代进入汽车走高速公路的时代，上了高速公路，就要适应高速的节奏，也就不可能再回到从前，即使可以退回去，但在这个时代中也没有生存空间了。这就要求企业的每位员工和管理者必须顺应时代潮流，适者生存，要学习和掌握数字化流程、培育数字化能力，否则就只能成为逆潮流者，而现实是残酷的，逆潮流者必然很难实现其目标。数字化转型的本质是管理的转型，是把企业管理的底座换成具有智能感知和决策能力的数字平台的过程，数据驱动的管理极大地提高了决策能力和决策效率，这也是不可逆转的管理革命，数据已经成为企业管理的发动机。

因此，企业一旦进入数字化的征程就是踏上了一条必须勇往直前的单行道，任何摇摆不定、徘徊不前，不仅会导致数字化转型的失败，更可能将企业带到生死存亡的境地。

特质二：数字化转型需要持续性投入

本书前文提到，数字化转型就如同给汽车换轮胎，车要继续前行，所以变革和转型不能冒进，必须有计划、有步骤，做好长期战略投入的思想准备。

以华为为例，2001 年 IT 泡沫破灭时，正是华为 IPD 流程变革的关键时刻，如果没有基于长期主义做选择，华为很可能放弃变革回到草莽时代。一旦选择放弃，华为能否存活到现在都需要打上一个大问号。

任正非在 2004 年回顾当时的情景时说："在 IPD、ISC 还没有落地时，我们碰到了严重的 IT 泡沫破灭危机，面对公司可能出现的巨额亏损的同时，我们还要付出巨额的变革顾问费。是坚持往前走还是不走？我们选择了坚持往前走。如果不往前走，流程化变革就可能半途而废，华为公司永远不可能成为大公司。"

华为最终选择咬牙扛下来。不管是业务发展好的年份，还是业务处于低潮的年份，华为宁可砍掉其他项目（比如 2001 年华为削减了几个研究所基建项目），也要保障管理变革和数字化转型的投资预算。同时，将公司级变革和转型项目的预算作为公司的战略投入，不直接分摊给相关受益部门，这有利于激发各个业务部门的积极性，减少变革阻力，确保除资金投入之外各业务领域的管理者和优秀骨干可以持续投入。据统计，1998 年至今的 20 余年间，华为在管理变革与数字化转型方面的投入平均占年销售收入的 2% 左右。

特质三：数字化转型需要系统性思考和方法

数字化转型绝不是凭感觉、靠热情就能够实现的，而是呼唤系统性思考和方法，需要系统性的规划和管理框架，需要有的放矢，既要解决企业短期面临的急迫问题，又要适应企业未来的发展需要。华为的实践表明，这不是一次性工程，因此最好的方法是把数字化转型与业务战略、业务规划相结合，对数字化转型进行战略解码，把转型建立在规则之上，以避免管理者只关注短期利益和局部利益。

特质四：数字化转型是一项以业务价值为度量指标的投资行为

数字化转型必须是一项投资行为。任何转型都必须支付变革成本，如果转型成本大于转型贡献，就是一种浪费。不少企业会引进一些数字化应用，很少有企业会进行业务效果评估；甚至有些企业的数字化应用，仅仅是为某几个管理者服务的内部工程，而为了实现这个服务，可能需要一批人手工准备数据，这不但没有提高效率，反而增加了管理成本，得不偿失。任正非要求，华为数字化转型必须从端到端流程的角度来看相关关键业务指标的价值收益，减少碎片化、局部利益变革的倒挂行为。

特质五：数字化转型需要构筑支撑其长期转型的组织能力

数字化转型涉及企业文化、组织架构、业务流程、数字化技术等多个领域以及全公司上上下下几乎所有部门，因此，在包括人才引进与培养、组织赋能及价值牵引、价值分配在内的人力资源政策方面，企业需要有强有力的配套机制。

在数字化转型的执行层面，企业要建立并完善相应组织和管理机制，要构建引领企业数字化转型方向、实施转型攻城战役的指挥机构和作战部队，既具有前瞻的战略眼光、能找到转型突破口，又具有化繁为简、步步为营的战术能力，稳扎稳打，给企业数字化转型带来必胜的信心。

笔者希望企业管理者能够在出发时，认识数字化转型的长期性、复杂性和矛盾性，把困难估计得大一些，把问题思考得深一些，把准备工作做得充分一些，用长期性的战略思维推进数字化转型。无论转型还是管理变革，既要志存高远，又要脚踏实地。当然，企业管理者也不要因为有困难、转型复杂而有所畏缩，停留在"太难了"的空叹中裹足不前。保持平常心、保持自信心，采用合适的技术达到实用的目标，团队能力不足时善于利用外部可信赖的顾问老师牵引，就一定能走出数字化转型的混沌区，走上转变为数字化企业的光明大道。

战略共识就是执行力

笔者曾受邀去一家年销售收入约 500 亿元的大型民营企业分享华为数字化转型经验。在分享之前，在现场调研时得知，这家企业的董事长很强势，经常在内部讲话时谈到要拥抱数字化。两年前，他把管理变革和数字化转型项目交给公司总裁负责。总裁和 CIO 就轰轰烈烈地推动项目立项，邀请了一家全球知名的咨询公司开始做数字化规划。项目组与董事长和每位高管进行了详细的调研，勾勒出几个主干流程和数字化建设的实施蓝图。在咨询顾问输出规划报告后，总裁召集董事长和其他高管进行阶段汇报。出乎意料的是，董事长只开了个头、没听一会儿就借故离开了。其实项目组在会前已经与大部分高管就项目成果输出单独讨论过，所以主要是希望通过会议达成共识和明确下一步的行动计划。因董事长离开，这一重要的会议只能草草结束。

会后，项目组与公司一位副总裁私下沟通得知，顾问输出的报告总体上没有什么问题，但公司目前处于业务下滑期，是否继续投入这么大的精力推进变革需要打一个问号。这位副总裁补充道，如果现在坚持推行，则需要配置足够的业务骨干资源，一旦董事长不能充分参与，结果一定会失败。果不其然，这个项目最后匆匆收尾，制订的实施行动计划也被束之高阁。

两年之后，迫于外部经营环境对数字化的要求越来越高，这家企业又想启动管理变革和数字化转型，CIO 很怕再一次失败，所以才找到我们，想用华为的经验培训其高层。这家企业启动数字化转型规划的思路是对的，但数字化规划最重要的一个目标是达成共识，很明显，他们并没有很好地实现这一目标。

类似该企业的案例不在少数。当很多企业家正计划雄心勃勃地开展数字化转型时，笔者总会提醒他们要理性。据国外咨询公司麦肯锡在 2018 年的调研分析，有 80% 左右的企业的数字化转型是失败的或者没有达到预期，其不但没有获得数字化转型带来的有效增长和运营效果，反而迎来了一个又一个管理的烂摊子和业务困局。

笔者对多个数字化转型失败案例复盘后发现：**数字化转型的难易程度，并非取决于企业规模的大小，而是取决于企业管理层对数字化转型是否达成共识。**

为什么很多企业家抱怨团队执行力很差？公司每一次颁布的变革政策中的每一个字大家都认识，但管理层内心其实并不认可这些政策，迫于老板的权威也不明说（华为把这种状态称为"心里长草"），内心不认可就不会在行动上践行，这必然导致战略和政策沦为一纸空文。因此，执行力差的根本原因是管理层对战略没有达成共识，没有共识就一定没有执行力。

这就是为什么华为在任何重要战略选择上，都非常重视战略共识。任正非反复强调"力出一孔、利出一孔"。

《华为基本法》的起草就是华为战略共识达成的典型案例。

《华为基本法》不仅是在宏观上引导华为中长期发展和人力资源管理的纲

要，也是华为顶层设计的共识和走向规范化管理的共识，其起草过程实际上是达成共识的过程。为了达成共识，《华为基本法》从 1996 年 3 月开始起草，到 1998 年 3 月才正式颁布，历时 2 年。从第一稿到第九稿，基本上都是任正非和华为管理层反复研讨、逐字逐句修改的结果。时任任正非秘书的李建国⊖后来回忆，他那时比较年轻，改了《华为基本法》中的几个字，认为写得不够科学，就被任正非批评了："我没让你改，只让你改一下标点符号。这些字一字千金，怎么能改？" 由此可见，任正非多么在意《华为基本法》的起草工作。笔者记得，当时许多个周末，我们都要到公司讨论《华为基本法》。说是讨论，其实是学习，这是华为达成共识的方法。任正非当时在讲话中提到："我们正在进行《华为基本法》的起草工作，《华为基本法》是华为公司全体员工的心理契约。每个员工都要投入《华为基本法》的起草与研讨，群策群力，达成共识，为华为的成长做出共同的承诺，达成公约，以指导未来的行动，使《华为基本法》融入每一个华为人的行为与习惯。"

除了《华为基本法》的起草，为了推动公司管理变革和数字化转型，华为在形成战略共识方面也投入了不少的时间和精力。

1996 年，在管理变革开始之前，任正非就向全体管理者宣传："我们正在强化业务流程重整的力度，用流程规范每一件事的操作，为后继的开放式管理创造条件；用管理软件将业务流程程式化，实现管理网络化、数据化！"

1998 年，华为管理变革和数字化转型项目启动之初，在 IBM 顾问的带领

⊖ 1993 年加入华为，现任华为制造部总裁。

下，华为首先进行了为期半年多（原计划 3 个月，后来延长到半年）的数字化转型战略规划。在这个项目中，IBM 顾问要求业务主管参与的研讨就有 30 多场，还有大量与关键主管点对点的沟通。任正非经常把顾问汇报会开成对各级业务主管的宣讲会和思想松土会，比如有一次，一场 20 多人参加的项目阶段汇报会，任正非最后叫来了 80 多名主管学习聆听。

一家达成战略共识的企业，不管遇上多大的困难，都会不折不扣地坚持战略执行。比如 2002 年"华为的冬天"，在内外环境的夹击之下，华为出现了创办以来唯一的一次销售收入下滑，公司资金链濒临断裂，但当时华为与 IBM 合作的 IPD 变革项目、ISC 变革项目正在步入发展关键期。有人向任正非提议停止这些"烧钱"的管理变革咨询项目，但任正非坚决不同意，他宁可把几个在建的研究所基建工程停下来，也要确保继续推进与 IBM 的管理变革合作。大家看到了任老板的决心之大，也不好再说什么，留下来的人齐心协力地继续推进项目。后来，华为走出"冬天"后，在"冬天"苦练内功的威力逐步释放出来，企业迅速走上有效增长的快车道，销售收入从 2002 年的 175 亿元增长到 2016 年的 5216 亿元，增长近 30 倍；更关键的是，在这 15 年间，尽管员工规模从 1.85 万人增长到 17.6 万人，华为却始终保持"力出一孔"的秩序美，这就是共识达成的意义。

那么，数字化转型的战略共识达成主要包括哪些要点？笔者将华为的经验和业界的实践总结为以下三个要点。

要点一：对数字化转型紧迫性和本质的共识

首先，企业家和高管团队要认识到数字化转型具有很强的紧迫性：**加速企业的管理进化、成为数字化企业已经不再是这个时代的选做题，而是必做题。** 那些犹豫不决、仍在观望和等待的企业终将被时代抛弃。

在推动数字化转型的路上，区分传统企业和非传统企业没有任何意义。我们经常听到一种很有误导性的说法：数字原生企业（比如互联网企业）的数字化转型很容易，因为一诞生就是"数字原生"，基本不需要转型；而非数字原生企业（所谓的传统企业）进行数字化转型就很难，因为历史包袱很重。这类严重错误的说法实为闭门造车，事实上，所有希望规模化发展的企业都需要数字化转型。那些不能持续进行数字化转型、不能持续利用数字化实现管理模式转型的互联网企业可能倒闭得更快。前几年的互联网行业"共享"创业潮，就是很好的佐证。

其次，企业家和高管团队要认识到**数字化转型的本质是技术使能的业务变革和价值链创新，而不是技术本身。**

任正非每次谈到数字化技术时都会反复强调，任何技术有且只应有两点价值：要么多打粮食，要么增加土壤肥力。把地种好才是好农民，不要本末倒置地四处炫耀锄头。数字化对准的是业务，不是技术本身，数字化的目标和重点不是上线多少台先进的数字化设备，也不是运用了多少物联网技术或量子计算技术，更不是上线了多少云化的软件系统，而是企业的业务如何借助这些技术更精准、有效地服务价值客户，更全面、直接地提升产品的客户体验和质量，更系统地获得有竞争力的成本优势与服务优势，简而言之，就是如何应用数字化技术进行创新，助力企业获得新价值。长期从事技术钻研的人往往有一个感悟：对于技术，没有最好，只有更好，追求技术领先的路永无止境。做企业，不应把追求技术领先当成目标，而应把创造客户价值当成目标。这是经营管理的常识，也应该成为贯穿企业数字化转型始终的价值观。

因此，**数字化转型应从数字化整体规划入手，以流程域为维度，快速见效与系统拉通相结合，持续进行管理改进和数字化落地。**数字化转型要坚持不唯技术论，扎扎实实帮助业务部门"拿出绝活，把豆腐磨好，把豆芽发好"，用符合自身业务特点的技术达到实用的目的才是正道。

要点二：对数字化转型"行动三问"的共识

在数字化转型启动之时，企业需要正视自己的能力，客观评估企业现有的数字化水平，了解本行业数字化的发展脉络，统一企业数字化转型的愿景和战略目标。这些问题就如同企业的哲学终极三问。

首先，**企业应客观评估自身现有的数字化水平，搞明白"我是谁"**。这样就能避免在不了解自己能力的情况下好高骛远，仓促开展数字化转型项目；否则，其结果可能是欲速则不达，要么拿别人的实践经验邯郸学步、生搬硬套，要么按自己的脾气照猫画虎、依葫芦画瓢，其结果都难以成功。

其次，**企业应了解本行业的数字化发展脉络，搞清楚数字化"从哪里来"**。把握行业数字化的发展方向需要开放学习和深度思考，关注行业标杆的优秀实践，避免盲目创新。

最后，企业应统一数字化转型的愿景和战略目标，知道在数字化这条路上要"到哪里去"。不少企业时常苦于数字化转型"喊得凶、干得苦、收效差、烂尾多"，但其对数字化转型的愿景和战略目标又五花八门——企业家与高管之间、高管与高管之间、高管与员工之间都没有达成共识，往往各执一词。连"去哪里"都没有达成共识，谈何执行？因此，企业领导者应该在高管、员工以及合作伙伴之间建立共同的数字化愿景和战略目标，清晰描绘数字化转型在未来带给企业、员工、合作伙伴的价值。共同的愿景驱动在数字化转型初期尤其重要，企业领导者在企业各业务层面要广泛沟通，达成积极拥抱数字化转型、主动提升数字化能力、对愿景和战略目标上下同欲的良好氛围。唯有在这样的氛围下，企业才能有相互协作、共同推进转型的内在动能。

要点三：对数字化转型艰巨性、长期性和复杂性的共识

如果没有对转型的艰巨性、长期性和复杂性达成共识，即使企业内部对数字化转型"行动三问"达成共识，企业也可能无法执行数字化转型战略。

几乎所有业务在变革过程中都有一个 V 字形的绩效变化，从初期的小幅下降到逐步提升。在绩效下降时，团队容易产生畏难情绪和退缩思想，企业领导者必须有勇气和决心坚持下去，否则就会无功而返，使前期的投入变成沉没成本。同时还需要注意，由于转型过程具有长期性、持续性，团队容易出现转型疲劳和厌倦情绪。高层管理者必须提前对此有充分的认知，在转型持久战思维、变革意识培养、数字化变革配套管理框架等方面进行充分讨论并达成共识，才能采取一致的行动，达到预期的成果。

典型案例：1998 年数字化战略规划

回到华为数字化转型的起点，一起回顾华为第一个管理变革项目——IT 战略规划（IT Strategy and Planning，IT S&P）项目的启动背景和价值意义。IT S&P 在华为内部如今被称为"变革规划"，其他企业可能称其为"数字化战略规划"。

"没有优良的管理就难以保持超越竞争对手的速度"，很早就认识到这一真谛的任正非，在 1997 年圣诞节前后拜访了美国 IBM、惠普、贝尔实验室等几家西方行业巨头。从美国访问学习回国后，他们对 IBM 过去 5 年的成功变革产生了非常深刻的印象，这头"大象"在危机中成功转型的组织管理能力，尤其是产品研发流程化管理能力正是华为当时的短板。加上 IBM 与华为没有直接竞争关系，只有互补关系，于是华为决定选择与 IBM 进行深度合作，系统性地向 IBM 学习西方管理体系，并由时任华为公司董事长的孙亚芳亲自挂帅。

众所周知，管理体系涉及的方面非常宽泛，但已经创办 10 年的华为主要从市场和产品两个方面思考。华为自 1993 年成功推出核心产品 C&C08 程控交换机以来，建立了一支极具市场开拓精神的团队，在市场方面已经具备较强的优势，但相对而言，它在产品方面存在明显的短板。为了补齐这个短板，华为向 IBM 学习的初衷是从产品研发管理变革开始，以借鉴 IBM 最成功的产品管理经验。

IBM 派来资深管理顾问陈青茹（Arleta Chen）担任项目经理。陈青茹到华为公司与孙亚芳等几位高层会晤后，给华为提了另一个建议：先花 3 个月左右的时间做一个 IT S&P 咨询项目（实际上这个项目进行了 6 个月左右）。这主要基于两方面的考虑：一方面，IBM 对华为及华为的业务需要有一个全面的了解；另一方面，通过系统化的规划方法论对标 IBM，分析华为的业务战略，识别华为在管理和数字化等方面的能力短板，勾勒 IT 组织的定位和愿景，以此制定华为未来的组织、流程与 IT 三位一体的管理变革蓝图和实施路线，并以此凝聚华为的变革共识。华为高层接受了陈青茹的建议。

IT S&P 项目是华为开启管理变革之旅的起航号，项目规模虽小，但公司领导层非常重视：董事长孙亚芳、高级副总裁郭平（2018 年起担任公司轮值董事长）亲自负责、深度参与，足见公司在战略上给予的重视。

这是华为第一次以业务战略为基础，推导出管理变革和数字化战略。在项目启动之初，IBM 顾问强调：这一个战略规划的结果，有没有在公司高层和管理者中达成广泛共识是管理变革成败的关键。如果华为内部没有达成共识，顾问们认为后续的一系列变革就很难推行。

当时华为变革项目组最重要的工作之一是让高层充分参与。在变革的初期，其实高层的认知差别非常大，所以该项目的所有重要研讨，任正非都亲自参与、全身心投入。让笔者印象很深刻的一个场景是，顾问提供的资料有很多 IBM 的术语和软件词汇，所有翻译工作由项目组成员自行完成。尽管我们尽了最大努力，但还是有不少词汇翻译得比较拗口，而且研讨的内容专业术语很多，任正非当时不一定都能听明白，但他坚持坐在会议室里，认真听顾问的讲解，这样，公司的其他领导也就不好意思借故离开，便参与进来认真向顾问学习，慢慢地大家就有了更多共识。记得当时有一个产品研发体系的高管，在项目开始时经常迟到，任总当场非常严厉地批评了他，他后来就再也不敢迟到了。

IT S&P 项目当时还有一个小插曲。华为项目组根据顾问的要求抽调了来自不同业务部门的业务骨干，组成业务小组专职人员参与变革项目。在顾问输出第一阶段报告后，部分新来的业务成员对第一阶段的输出以及项目组与顾问的工作方式产生了不少疑问。他们认为顾问不了解业务实际，希望在项目组内更多地引领和主导顾问的工作，用"以我为主"的思想管理顾问的输出。此事传出去后，震动了公司高层，孙亚芳、郑宝用等都来到现场与项目组座谈。了解事情的来龙去脉后，公司高层认为，IBM 顾问是华为的老师，华为人必须以谦虚的心态对待顾问，反对狭隘的企业自豪感，反对所谓的"聪明人"。最终，高层对业务小组人员进行了重组，把几个与这个事件有关的核心人员劝离项目组（其中两人后来离开了公司）。从这个小插曲可以想象，当时管理变革的观念在华为还是相当薄弱的。

此后不久，任正非提出在学习西方先进管理的基础上，坚持"削足适履"的指导方针。任正非说："所谓'削足适履'，不是坏事，而是与国际接轨。我们引进了一双美国鞋，刚穿时总会夹脚，我们又一时不知如何使它变成中国布鞋。因此，在一段时间内我们必须削足适履。"

可喜的是，华为在变革的初期就认识到变革的复杂性，有针对性地提出了"削足适履"的指导方针，足见华为领导层在变革前的魄力和决心，这有效保证了变革继续朝正确的方向推进。

IT S&P 项目对华为后来的一系列管理变革到底有什么价值？ 笔者认为，其价值至少体现在以下三个方面。

第一，公司高层充分参与研讨，对建立华为的管理变革和数字化转型战略至关重要。只有企业管理层认识到自身企业的不足、有了强烈的危机感，才能在推进变革的过程中减少阻力，做到力出一孔。

第二，华为通过该项目的牵引，让流程重整与数字化相结合的变革方式成为管理变革的根本之策，使公司从一开始就有了利用数字化使能流程重整和管理变革的先进理念。在 IBM 顾问的建议下，华为从该项目的第二阶段开始，让更多的业务骨干参与进来，其实华为那时就懵懵懂懂地认识到"数字化不仅仅是 IT 部门的事，更应该是业务自身的事"。

第三，在即将展开系列大变革时，利用该项目对管理层进行一次全面的思想洗礼。现在很多人看到华为几个大的管理变革项目，如研发体系变革、供应链体系变革、财经体系变革、营销体系变革等的光鲜成果，却无意中忽略了 IT S&P 项目作为华为管理变革和数字化转型铺路石的独特价值。

当时，项目组一方面让公司高层充分参与，另一方面对公司中基层管理者进行宣传和松土，尤其是用好项目阶段报告规模培训的机会。记得任正非在听取了顾问第一阶段的报告后，对报告中指出的华为存在的问题和危机十分认同，立即要求针对 IBM 顾问输出的报告面向全公司进行地毯式培训，必须覆盖各级管理者和骨干。把 IT 战略规划报告（后来演变成变革规划）在全公司所有层级的管理者中进行系统性的全覆盖培训。即便在 20 余年后的今天，"数字化转型"成为普遍共识的环境下，恐怕依然很少有企业能做到这一点。具有前瞻视野的任正非，当时就已经意识到 IT 使能管理的重要价值。

公司高层的重视让项目组备受鼓舞，项目组想方设法推进培训和报告成果宣讲，比如把报告打印成非常漂亮的彩页、针对关键人员单独讲解、让每个管理者写学习心得并发表在两报（《华为人》报、《管理优化》报）上等，还先后组织了数十场集体培训、学习。外界许多人可能只看到华为管理变革和数字化转型的输出及成果，没有看到华为成功背后一步一个脚印的努力和坚持。

6 个月之后，这个变革项目结项，得到了公司领导层的高度认可。这个项目在华为还实现了很多的"第一"，具体情况如下。

第一次系统地接触架构思维。华为领导者后来常常把"架构"挂在嘴边，研发架构、市场架构、服务架构、供应链架构……唯有好的架构，组织才能在支撑后续冲向 100 亿美元、1000 亿美元的大军团作战时，依然整体有序。

第一次把互联网技术纳入架构。当时互联网技术在中国刚刚起步，在企业中的应用还很不普遍。迫于任正非对 IBM 顾问的尊重，当时项目组的一些成员其实是带着疑惑、机械式地采纳 IBM 顾问的建议的；直到若干年之后，我们才真正理解了顾问的良苦用心，华为此后在全球移动办公、内部沟通协同、移动化、员工电子信用等许多领域的发展都得益于互联网技术的引入。

第一次成立了 IT 战略规划部门，建立起把业务战略与数字化战略拉通的机制。为 IT 得以在后续华为全球开展业务时提供前瞻性的服务业务，这个部门起到了很大的作用。

第一次把 IBM 的管理作为标杆。凭借这个项目成功建立的信心，任正非和华为管理层对 IBM 这一套管理方法更加深信不疑，IBM 也成为华为众多老师中最重要的老师。比如，2013 年法国记者采访任正非时，曾问他是否受到被誉为"全球第一 CEO"的通用电气传奇 CEO 杰克·韦尔奇的影响，任总直言不讳地说："我不认韦尔奇，我的老师是 IBM，韦尔奇是多元化，我们公司不提倡多元化。IBM 教我们爬树，我们爬到树上摘了苹果。"

……

著名传记作家斯蒂芬·茨威格的传世名作《人类群星闪耀时》中有这么一段话：

一个真正的具有世界历史意义的时刻，一个人类群星闪耀时刻出现以前，必然会有漫长的岁月无谓地流逝而去，在这种关键的时刻，那些平时慢慢悠悠顺序发生和并列发生的事，都被压缩在这样一个决定一切的短暂时刻表现出来……那些历史的尖峰时刻都需要太长的酝酿时间，每一桩影响深远的事件都需要一个发展过程。就像避雷针的尖端汇聚了整个大气层的电流一样，那些不可胜数的事件也会挤在最短的时间内发作，但它们的决定性影响却超越时间。这群星闪耀的时刻——之所以这样称呼这些时刻，是因为它们宛若星辰永远散射着光辉，普照着暂时的黑夜。

　　人们崇尚英雄，习惯于群星闪耀的时刻。但为了这一刻，多少无名英雄在背后默默付出，充当前赴后继的垫脚石？企业的变革也是如此。幸运的是，如今人们谈论华为的管理变革历程时，华为 IT S&P 项目依然被作为里程碑来对待，这得益于任正非和管理层当时的远见卓识。

第 2 章
数字领导力

〔**本章精彩观点**〕| 在数字化时代，企业的数字化进程是一个长期的、痛苦挣扎的蜕变过程，也是赢得可持续竞争优势的必由之路。在这一过程中，培养和发展数字领导力是数字化转型的关键。

- 一把手工程是数字领导力的基础，只有主动将心注入以带领团队进行变革和转型，才会感召整个团队牺牲"小我"，支撑管理变革和数字化转型的"大我"。

- 持续变革的主动性、数字技术的敏锐性、数字化转型的行动力是新兴数字领导力的三大核心因素。

- 公司管理团队要充分投入管理变革与数字化转型，在实战中培养数字化能力，实现数字化转型。

- 坚持引进与对标，以外部优秀管理实践为引领，对标开放学习，强化企业的数字化赋能。

- 华为不追求数字化组织的卓越，而是要通过数字化追求业务的卓越。华为的潜力在管理，管理的重要工具是 IT，流程 IT 是为作战服务的。

- 具有数字化核心能力的数字化组织，是数字领导力可持续提升和向下承接的关键支撑。

- 华为始终信仰的是"惶者生存"。只有坚持自我批判，数字化转型才能有肥沃的管理改进土壤。

- "开放、妥协、灰度"是华为文化和任正非经营哲学的精髓，开放向一切人学习。妥协既是一种让步的艺术，也是一种美德，依据不同的时空做出审时度势的正确决策，使各种影响发展的要素在一定时期内达到和谐；这种和谐形成的过程即妥协，和谐形成的结果即灰度。掌握这种让步的艺术是管理者的必备素质。

农夫的早餐与数字领导力的 3 大能力要素

企业高层管理者在管理变革和数字化转型过程中到底扮演什么样的角色？高层要参与进来，但到底要参与到什么程度？

在华为管理变革和数字化转型推进的过程中，有一次，顾问讲了一个非常生动的故事，当时会议室中的所有人都"秒懂"了，而且至今依然让笔者印象深刻，此处笔者也把这个故事分享给读者。

在美国，日常的标准早餐是一杯牛奶＋一个火腿鸡蛋三明治。

在一个偏远的农村，住着一户农民，过着自给自足的生活，他在大院子里养着鸡、牛和猪，田里种着麦子。

新的一天开始了，太阳还没升起，勤劳的农夫就起来了，准备做早餐。他把上一年收成的小麦磨成粉做了面包片，把头一天晚上母鸡下的蛋拾起来做了煎鸡蛋，再去牛栏挤了一杯牛奶。想了想，三明治还需要什么？火腿肉！于是他去了猪圈，从猪身上割了一块肉，洗干净煎成火腿片，就这样，农夫的牛奶三明治早餐就做好了。

讲到此处，顾问停下来问我们："你们觉得，农夫的这顿早餐，谁是最大的奉献者？"

在大家七嘴八舌地讨论之后，顾问为我们解开了疑团："你们看，面包片是麦子的果实；农夫挤出牛奶后，牛还可以轻轻松松地吃草休息；母鸡夜里下个蛋，白天又可以'咯咯咯'地唱着歌出去玩耍了；只有猪，为了农夫这顿早餐，必须见血，被割下自己身上的一块肉甚至奉献自己的生命。因此，猪是农夫这顿早餐中最大的奉献者。"

顾问接着引导我们进入主题："企业管理变革和数字化转型的过程中，需要有强有力的领导力作为支撑，尤其是企业高层管理者，要以身作则、切切实实地主导（Lead）这个转变，而不是仅仅提供支持（Support）。**英文单词'Lead'和'Support'有着显著的区别**，'Lead'是主动带领团队并充分参与团队的变革落地工作，充满毫无保留的奉献精神和实际行动，也正因如此，才会感召整个团队牺牲'小我'成就管理变革和数字化转型的'大我'。而'Support'是在团队背后提供必要的支持，做一些保障，没有将心注入，没有全身心投入，不痛不痒，逍遥自在，没有感受变革转型的切肤之痛。"

根据著名调查机构 Wipro Digital 的报告，35% 的高管认为，缺乏明确的战略牵引是释放其全部数字化潜力的一个主要障碍，这一战略应该始于 CEO，但他们中的许多人还未能设计出一个连贯的战略。数字化转型的努力没有达到预期的投资回报率，部分原因在于数字化转型是一个涉及战略、技术、文化和人才的问题，但笔者认为数字化转型首先是一个有关领导力的问题。"问题出在前三排，根因都在主席台"，管理变革和数字化转型任重道远，首要条件是企业高层管理者以身作则、身先士卒。如果企业高层管理者都能像 1993—1997 年郭士纳主导 IBM 变革、1998—2008 年任正非主导华为变革那样充分参与、亲自主导各领域的数字化战略，企业的数字领导力将得到显著的提升，这也会让管理变革和数字化转型工作事半功倍。

数字领导力除了包括普遍意义上的明道、取势、优术、树人等通用领导力要素，还需要增加数字化时代的一些新能力要素。笔者经过调研、总结和实践，发现数字领导力还包括以下 3 个要素：持续变革的主动性、数字技术的敏锐性和数字化转型的行动力。

持续变革的主动性。管理层的变革主动性体现在对数字化重构业务的开放性、对数字化转型战略的重视度、对投身数字化变革的主观能动性上。

数字技术的敏锐性。管理层的数字技术敏感性主要指具有强烈的数字化意识，具备对数字化应用的感知能力、学习能力、运用能力和创新思维，对数字化技术在业务中的应用有好奇心和敏锐嗅觉，具有数据经营能力和数据价值的洞察力。

数字化转型的行动力。只有主动性和敏锐性还不够，最终落地需要行动力。

首先，企业管理者需要具备数字化转型规划能力，能建立相关业务的数字化愿景、用数字化构建业务战略、使愿景与战略目标一致并推动内部达成共识的能力；其次，企业管理者需要具备数字化转型管理能力，能以身作则地投入，主动参与数字化改造业务的实践，平衡统一规划与快速见效的冲突管理，引领组织的数字文化建设；最后，企业管理者还需要具备数字化转型人才培育能力、对数字化人才培养及引进的主动推动力和数字化变革资源投入的重视。

持续变革的主动性、数字技术的敏锐性和数字化转型的行动力,这 3 个
要素构成企业数字领导力的核心要素。只有有意识地培养这些新能力要素,
管理层才能在企业数字化转型中扮演好"主导者"的角色,而非停留在"支
持者"的角色。

华为培养数字领导力的 2 个关键词

俗话说得好，"磨刀不误砍柴工"，何况数字化转型是一项长期的战略任务，需要企业领导者具备足够的战略定力和战略耐心。企业领导者需要站在未来业务发展和战略需要的全局高度，有前瞻性地推动企业发挥数字领导力。

以前做信息化时，信息技术就是一个简单的技术工具，要么为了替代手工操作，要么为了外部合规和商务合作的需要。其与企业战略、企业业务模式的关联不够紧密，所以企业领导者大可把信息化交给 IT 部门，从技术角度完成即可。

数字化与信息化最大的不同在于，数字化服务于业务价值链的重塑和管理变革。 因此，管理层必须走在数字化转型的最前沿，亲自主导这个过程。研究表明，缺乏定义明确的阶段性目标以及缺乏高层管理者的投入已经成为数字化转型失败的主要原因。

因此，在这个过程中，必须有一个或者一群站在企业家角度思考、懂得数字化的高层管理者团队作为转型的战略推手。要成为数字化转型的战略推手，中高层管理者的数字化转身非常重要，首先要"革管理者自己的命"。业务部门是数字化转型第一责任人，不能寄希望于引进一个 CIO 或一个数字化专业人才就可以代替业务部门。专业技术问题可以由专业组织和人员来解决，但管理和业务问题必须由业务主管和高层投入时间参与讨论决策变革方案。说到底，数字化转型是业务和数字化的融合，是业务和技术双轮驱动，业务主管自然需要转身成为具有数字领导力的带头人，更多地主导和投入数字化转型。

我们欣喜地看到，前些年在各种行业峰会上谈数字化转型的基本上是CIO、IT 总监等数字化从业者，而现在越来越多的董事长、CEO 开始发表自己对数字化和数字化转型战略的见解。因为大家已经认识到，数字化转型做得好的企业，无一例外都是一把手工程。

企业要想方设法培养既懂业务又懂数字化的混合型高层管理者。但这需要一段较长的时间，有一个培养的过程。在经历数字化转型后，重视数字领导力的企业，各个流程领域就会逐步出现"数字化明白人"，比如既懂研发又懂数字化、既懂供应链又懂数字化、既懂战略又懂数字化的人等。

在与外国朋友、同事交谈的过程中，全程依靠翻译与能够用同一种语言交流相比，前者的交流效率和效果肯定差得多。以前，企业总是要求 IT 部门能说业务的语言；对数字化转型中的企业而言，随着数字化越来越广泛地被应用到业务当中，业务管理者也应该理解和学会运用数字化语境。数字化语境不是技术语言，而是指包括流程要素、变革要素、架构要素、数据要素、质量要素、互联网要素在内的相关语言逻辑。管理者要投身于数字化转型，在实践中完成自身的数字化意识和能力转身，从单纯的业务管理者逐步转变成具有数字领导力的混合型管理者。

从华为的经验来看，培养管理者数字领导力的途径主要是"以练代培"

的模式：一是学习、学习、再学习，二是实践、实践、再实践。

学习、学习、再学习。行业标杆、顾问、客户都是老师，企业领导者要虚心地向他们学习，踏踏实实学习和理解他们的先进管理经验、数字化实践；瞄准行业和业务领域的标杆，理解客户的价值诉求，通过自我批判，寻找业务差距，推动业务突破。关于这个话题，后文将具体阐述。

实践、实践、再实践。任正非把变革项目当成培养具有数字领导力的干部的摇篮，作为华为培养领导者的重要途径，所以，在参与变革项目的人员投入上，不但重视数量，更重视质量。公司要求来自业务部门的变革核心成员要在变革期间全职参与，例如华为选拔了一大批高绩效、高职级的业务主管和有潜质的业务骨干，把他们从业务部门抽调出来，把组织关系直接转到变革团队，让他们没有任何退路而只能专注于变革项目。这些优秀的业务骨干把全部精力和时间投入变革管理和数字化转型项目后，不仅在转型变革实践中锻炼了自己，建立了变革思维和数字化能力，开阔了视野，也为自己成为新一代领导者打下了良好的基础。华为后来获得晋升的中高层管理者，几乎都是在这些变革和转型团队中担任过主要管理职责的干部。

开放学习、对标合作：华为用好顾问的秘诀

数字化技术的创新和应用层出不穷，总有先行者在相同或相似的领域已经树立了标杆。一个不开放的企业文化很难广泛吸取外界优秀的知识和成功的经验，因此，企业的数字化转型过程就可能到处碰壁，从而错失发展良机。

数字化转型是一个将管理、业务、流程和技术融于一体的系统性工程，是一个长期的、痛苦挣扎的蜕变过程。在这个过程中，参与者要学会站在别人的肩膀上攀登，不故步自封，开放自我，对标学习。这不仅可以使数字化转型少走弯路，使业务快速见效，更重要的是，企业领导者可以在开放和学习中开阔眼界、快速提升数字领导力。

根据笔者在华为工作期间的调研结论，世界 500 强企业中有近 90% 的企业在日常管理活动中采用了标杆管理。对标的本质是对照最佳实践，分析差距并持续改进。

此处讲一个小故事。3 个体能相差不大的人参加马拉松，A 在跑步过程中一直默默奔跑；B 在跑步过程中，旁边有人时不时地提醒他"还远着呢，前面还有很长一段路，马拉松就是难啊"；C 在跑步过程中，一位他很信任的好友，同时也是上一届马拉松比赛的冠军在陪跑，并时不时地提醒他："不错，跑了 5 公里了，稍微控制速度，保持体能，前面在 8 公里的地方是上坡路……

前面 2 公里有一个补给站，再坚持一下。"A 和 B 极有可能跑着跑着就打退堂鼓了，而 C 则更有可能坚持到最后。这就是对标的作用。路途越长、环境的不确定性越高，对标的价值就越大。

数字化转型对企业领导者的挑战在于：业务领导对数字化的思维和认知不足，对数字化运用的敏感性不足，对数字化方案的落地信心不足。因此，企业需要引入具有外部最佳实践经验的顾问，对标学习，借他山之石，攻自身的数字化之玉。在企业的数字化转型过程中，企业领导者千万不要过多强调自我，千万不要把自己封闭起来。

然而，不少企业在对标学习及与顾问的合作中存在很多误区。

有的企业董事长说：我现在急需把你们企业的 ×× 管理方案照搬过来，马上用起来就可以了，不需要请顾问，这太复杂了。

也有的企业董事长说：我们尝试过多次请顾问的方法，结果都不理想，没有解决问题，顾问的举措与要达到的效果还有较大差距。

还有的企业董事长说：我知道顾问的作用，但我们公司现在没有合适的领导来主导配合，他们听不懂顾问要表达的意思。

如果只是把顾问当成供应商，公司高层不能放下身段，只是居高临下地与顾问交流，或者不能放空自己、时不时带着挑剔的思维看顾问的方案，或者不愿抽出时间参与顾问的培训、讨论……那么请顾问的结果可想而知。

华为在与顾问打交道的过程中，采用的方法其实并不比其他企业高明，反而是凭借一股"傻劲"学到了真功夫，甚至很多顾问都说，华为在许多方面已经青出于蓝而胜于蓝。任正非曾经说："要学明白 IBM 是怎样做的，学习人家的先进经验，学学他们的思维方式，多听取顾问的意见。首先高中级干部要接受培训、搞明白，在弄懂之前不要误导顾问，否则就会作茧自缚。而我们现在只明白 IT 这个名词概念，还不明白 IT 的真正内涵，在理解 IT 的内涵前，千万不要改进别人的思想。""我鼓励你们在工作时间和非工作时间多与顾问交流，请顾问吃吃饭、喝喝咖啡，多向顾问学习。"

在华为，顾问团队负责人基本上可以随时出入老板任正非和董事长孙亚芳的办公室。记得 1999 年 IBM 顾问组准备进驻华为时，任正非亲自挑选公司风景最好的办公室并按照 IBM 总部的风格重新装修。他说，我们务必让顾问来到华为之后有宾至如归的感觉，让他们在自己熟悉、舒适的环境里更愉快地完成智力工作。

顾问进驻华为后，处处都有老板任正非的"关照"，比如 IBM 顾问因对变革配合不积极而提出罢免的高级干部就有 10 多人。任正非在一次 IPD 变革会议上说："不要把机会留给那些标新立异者、思想怠惰者……你们这些高级干部都是花了无数美元培养出来的，但有些并没有进步。没有进步者就让他出去，真有好思想、好好学习的人，就让他们进来。"

在华为，顾问与华为人之间不是相互猜疑的甲乙方关系，顾问是带来变革方案和数字思维的老师。在转型变革项目中配置充足的业务主管、精英、骨干进入转型变革项目（通常华为人员与顾问的配置比至少是 2∶1），他们的任务就是学习、消化和掌握顾问带来的业界最佳实践，把这些优秀的管理流程和数字化方法尽可能原汁原味地构建到华为的管理体系中，先僵化地学习管理流程，再固化到数字化平台。在顾问离场后，这些骨干也能作为"种子"在华为内部培育更多支持变革、拥抱变化的新人，为后续的优化积聚能力。

除了公司聘请管理变革和数字化转型顾问，任正非本人也聘请了几名常年顾问"陪练"，他的许多哲学管理思想的形成都与顾问息息相关，比如"不在非战略机会点上消耗战略竞争力量"就是在与中国人民大学的顾问交流第二次世界大战（以下简称"二战"）欧洲战场的故事时触发灵感的。他非常清楚顾问的定位、作用和价值，也非常信任顾问。

综上所述，华为聘请顾问培养领导力的经验，有如下 3 点值得借鉴。

（1）高层投入。高级干部的充分参与和投入的承诺是成功对标学习的关键，管理者必须主动投入时间，以诚心、开放学习的心态参与顾问的培训、交流和研讨。

（2）归零心态。把顾问真正当成对标学习的老师和带路人，不要停留在甲方、乙方的买卖关系，这不是在菜市场买菜时的讨价还价，从每个 5 元砍成每个 4 元，这对买回来的菜毫无影响。聘请顾问是要挖掘顾问脑海中的"宝贝"，他们愿意把压箱底的干货传授给我们与仅为完成例行项目交付之间的差距非常大，而"信任"在其中发挥了巨大的积极作用。要选派具有变革意识与全局观的干部和业务骨干参与顾问指导下的数字化转型项目，培养他们的数字领导力和数字化核心能力（包括数字化转型规划能力、数字化转型管理能力、数字化转型人才培育能力），让他们成为数字化开花结果前的优秀种子，避免顾问离场后一切回到原点。

（3）持之以恒。引进顾问的目的是学习最佳实践，学习先进的管理理念和数字化技术应用经验，不要今天学武当派，明天学少林派，后天觉得华山派也挺好；要秉承长期合作思维，有恒心，在持续变革中运用好顾问资源，学透一门功夫。正如传奇的功夫巨星李小龙所说："我不怕练了一万种腿法的人，我怕的是同一种腿法练了一万次的人。"

实践成就数字领导力：首席财务官孟晚舟

华为管理变革和数字化转型项目，就如同一所数字领导力大学，是一个铸造华为管理者管理能力和数字经营能力的大熔炉。正如华为 CFO 孟晚舟在 2014 年 IFS 变革项目即将结束时引用的一句哈佛大学广为流传的名言：一所大学的荣誉，不在于校舍和人数，而在于一代又一代学生的成长！

华为新一代高层管理者基本上都经历过各种管理变革和数字化转型的熏陶与洗礼，是在这个熔炉里千锤百炼后慢慢成长起来的。孟晚舟就是其中的典型代表，她说："伴随着变革的深入，我们这些曾经青葱的年轻人，也从青涩走向成熟，我们在历练中成长和蜕变。"

2018 年 12 月 1 日，"孟晚舟事件"让公众知道了孟晚舟的名字，但大部分人只是把她当成了新闻人物，很少有人对她有深入了解。

孟晚舟毕业于华中理工大学（现为"华中科技大学"），学习财务专业，1993 年加入华为。她最初在公司从事的工作并不是她最擅长的财务工作，而是行政工作。她是华为最早的几个秘书之一。华为的秘书需要做的事情很多，除了要做常规的杂活，如接电话、复印文件，她还是主管的助理，需要帮主管安排工作行程等，另外肩负着不同部门联络人的角色。对此，任正非给出的理由是："社会阅历的第一条是对人要有认识，当秘书有助于积累这些经验。"

1998 年，孟晚舟从行政岗位转到财务岗位工作，在新的部门依然从基层做起，不断学习实践。她曾担任华为国际会计部总监、香港华为财务总监、账务管理部总裁、销售融资与资金管理部总裁等。孟晚舟在公司各个岗位上踏踏实实地干了近 20 年，直到 2011 年 4 月 17 日才担任华为常务董事兼 CFO，2018 年升任公司副董事长兼 CFO。

作为任正非的大女儿，孟晚舟在公司一向比较低调、务实，偶尔也流露出那个时代年轻人的顽皮。记得有一次在她的办公室闲聊时，她说起互联网上的一些新应用，比如当时很流行的网络社交软件等。笔者惊讶于她对外界，尤其是互联网方面竟有如此的好奇心，对数字化技术的发展竟如此敏感。这一点在后来也得到了印证——在 IT 团队提出建设业务经营可视平台 Isee 的构想时，她比其他人更早、更快地认识到这个方案的业务价值，并立即将之采纳为 IFS 的一个重要子项目。

孟晚舟真正得到快速成长是在参加公司的管理变革项目之后，尤其是 IFS 变革之后。她是这项变革项目的发起人和公司责任人（Sponsor），对项目成败负全部责任。该项目的目标是确保业务数据及时准确，实现业财一体化，为各级经营组织提供更有价值的业务经营数据，帮助华为持续为客户提供高品质的综合解决方案，实现"加速现金流入，准确确认收入，项目损益可见，经营风险可控"的变革蓝图。

IFS 变革项目从 2007 年启动到 2014 年完成，用了将近 8 年的时间。其间，IBM 顾问基本维持在 60 多人，高峰时超过 100 人。这些顾问中有很多是在 IBM 有 20 多年实际工作经验的资深财经专家，有不少在 IBM 身居要职。任正非与 IBM 顾问有个约定：凡是在 IBM 工作 20 年以上的顾问，他一定要单独请对方吃饭交流。我们从中可以看出，他对在长期实战中积累起丰富经验的顾问特别青睐。孟晚舟和变革团队就是在与这些顾问一起工作、学习、研讨的过程中，通过实战逐步成长起来的。一位参与变革项目的财经主要管理干部（后来成为孟晚舟的左膀右臂）在谈到顾问带来很多新概念、新模式时举了共享服务的例子："有一次，IBM 顾问在声情并茂地阐述共享服务的概念。我们听完后面面相觑，连问题都问不出来。这种共享中心的作业场景远远超出了我们的认知……好在顾问手把手地把我们带进了共享服务的世界，在建成全球账务共享中心后，我们慢慢理解了'共享'的意义和价值，华为海外业务的管理也开始走出了'青纱帐'，实现了共享和数字化管理……通过一系列的变革，为我们埋下了'种子'，参与变革的骨干有了数字化意识，这成了华为最宝贵的财富。"

任正非对 IFS 变革项目最核心的要求是财务必须与业务融合，他还提出财经人员必须去现场干拧螺丝的活儿——以此感知华为项目交付的过程。为此，孟晚舟奔忙于全球各地，以物色大批业务专家和干部进入财经队伍，同时也把大批财经干部派往业务组织。她自己以及其他财经变革团队成员也深入经营管理和项目管理一线，全方位熟悉一线业务。尤其是埃及、印度尼西亚、德国等 IFS 试点代表处，孟晚舟和她的团队都会在试点现场深入了解业务痛点，再与顾问进行研讨和思想碰撞，现场进行流程与数字化解决方案设计。伴随着变革的推进，一批熟悉业务的财经干部越来越理解变革和数字化，越来越成熟，许多骨干成了公司的管理者，孟晚舟也得到提拔，于 2011 年成为公司 CFO。

孟晚舟在 IFS 项目期间与笔者打过不少交道，她也是华为数字化转型最坚定的支持者。举个例子，华为的业务智能平台（BIS）平台是承载华为数据处理、数据分析、数据价值挖掘和业务智能的基础平台，是华为大数据平台的雏形，也是 IFS 变革项目中数字化的基础之一。当初为了支撑 IFS 等变革的需要，我们打算成立 BI 平台建设项目和 BI 应用部门，但在给一位主管领导汇报这一设想时，这位领导坚决不同意，他认为在华为建立数据与业务智能平台为时尚早，是浪费时间。

笔者打电话向孟晚舟求助，她听了笔者的意见后，说："我会和相关领导沟通，争取支持你们的想法。"经过她的努力，相关工作才得以顺利开展。前文提到的可视化 Isee 平台（就是基于该 BI 平台的经营决策支撑系统）也成为 IFS 主推的数字化应用，深受业务部门欢迎。孟晚舟在总结 IFS 变革项目时这样说道："Isee 平台已成为公司各级经营管理团队爱不释手的应用信息系统。当我们用鼠标在屏幕上极为便捷地获取数据、挖掘根因、生成报告时，可有想到在这个平台建设中，流程 IT 部门的项目团队所承担的巨大压力和为此做出的艰苦付出？"

因此，在数字化转型过程中，高层管理者往往需要具备前瞻性的数字需求识别能力和业务决断力，如果只看到眼前的需求，不能将数字化眼光放得长远一些、开放一些，就会贻误战机，甚至导致整个数字化转型战略失败。

当然，只要保持足够的好奇心和数字化敏感性，秉持开放的心态，用好外部专业技术和业务顾问老师，企业管理者的数字领导力就可以培养起来。可以说，孟晚舟在持续 8 年的 IFS 变革项目中得到了很好的历练，这让孟晚舟成长为具备全球化视野和数字领导力的 CFO。

蓝血精神：轮值董事长郭平

正如前文所述，在企业的数字化转型中，要在管理层构建数字领导力，包括持续变革的主动性、数字技术的敏锐性和数字化转型的行动力。郭平正是华为少数具有很强的数字领导力的高层管理者。

在华为管理变革与数字化转型上，除了老板任正非，如果还有绕不开的一个人，那就是被称为"郭老板"的郭平①。

"郭老板"在华为变革体系和管理工程部威信很高。他个子不高，一眼看过去就是个性格非常活泼的人，在同事和下属的眼里，他是少有的不靠权威而靠人格魅力赢得下属尊重、具有组织凝聚力的领导者。他从不打官腔，从你办公室或办公桌前经过时，会时不时停下来和你闲谈两句，诸如"弟兄们，还好啊""你那个项目有什么新进展"之类。包括笔者在内的很多数字化领域骨干，在工作情绪有些低落甚至中途萌生退意时，他基本上能用一番谈话就把大家留下来并让大家振作起来。他也是执行力很强的"排雷"高手，曾亲自带队妥善解决华为与微软、思科的两次大纠纷。

华为推行的轮岗制度也覆盖了郭平所在的副董事长层级，这对提升管理

---

① 1988 年加入华为，现任华为副董事长，三位轮值董事长之一。

干部的全局视野、跨业务协同以及后来的变革管理和数字化转型都有很强的推动作用。郭平从 1988 年进入华为做研发项目经理，到生产部门负责人、采购部门负责人、首席法务官、企业发展负责人、管理工程部门负责人、终端公司负责人，再到集团财经委员会，他管理过相当多的业务领域，具有丰富的业务经验。笔者认为，他最引以为豪的应该是负责过"管理工程部"（后来改名为"流程与 IT 管理部"）。虽然郭平很早就负责过管理工程部，但真正取得巨大发展是在华为决定开展管理变革、通过变革推动流程和数字化转型的关键时刻，他再次被任命为管理工程部总裁——他临危受命来领导华为的管理变革和数字化转型。可以说，他是除任正非之外，华为管理变革、流程建设和数字化转型最主要的推手之一。

丰富的业务经验让郭平对变革和管理体系建设情有独钟。他说："记得我刚进公司做研发时，华为既没有严格的产品工程概念，又没有科学的流程和制度，一个项目能否取得成功主要靠项目经理和运气。"他本人就既经历过成功又体验过失败，这就是 1999 年之前华为产品研发的真实状况。正是亲身经历了这种偶然的成功和个人英雄主义的年代，包括郭平在内的华为管理层有了强烈的危机意识和变革管理体系的动机。

同时，郭平的业务经验和技术功底也让他具备了很强的数字技术敏锐性。记得在华为的管理变革之前，郭平就推动华为引进了美国甲骨文公司的管理软件 Oracle MRP II（后来 Oracle MRP II 版本升级成 Oracle ERP）并沿用至今。这在当时开创了国内引进这类承载西方管理流程的软件包的先河。类似的例子很多，包括推动企业架构建设、内部互联网平台建设等，我们从中可以看出郭平在运用IT技术提升管理方面的胆识、魄力和高瞻远瞩的超前思维。

1998年华为启动管理变革和数字化转型，郭平就被公司指定为IT战略规划变革项目和采购业务变革项目领导组责任人，这两个项目都由IBM顾问主导。当时IBM咨询刚刚进入国内，与华为人在文化上的差异非常大，要确保华为与IBM的良好合作，促进项目向预期的方向前行，绝非大家想象的那么容易。他和公司其他领导一一化解了前文提到的华为IT S&P项目中的一些风波，依靠自身的业务和技术知识、灰度思想和沟通技巧，有效地协调了华为与IBM在项目中的差异和矛盾，对项目的推进、合作关系的维护和后续的变革思路起到了很大的帮助作用。

再举一个笔者见证的例子。在华为ISC变革项目的数字化方案阶段，IBM最先提出的思路是"BIG BANG"，字面意思是大爆炸，实则另起炉灶，重新搭建数字化平台，所有系统一次性替换，其中的重点是用新的ERP系统替代原有的Oracle ERP系统。

该方案一经提出，在项目组中引发了争议，尤其是在专家层面，华为的几个专家就方案风险、问题解决的其他可行性做了充分论证。其核心的思路是，用新的ERP（如SAP公司的ERP软件）替换Oracle ERP的做法弊大于利，两个都是全球最优秀的软件包。基于两个软件的最新版本对业务的满足和未来的发展没有实质性差别，但更换系统给华为带来的业务影响、推行速度、学习成本和运营等风险无法估量，解决业务问题的关键应该在于业务方案，在顾问指导下的业务方案已经完善、可以在甲骨文公司的软件应用平台上快速升级实施，等等，为此他们提出了以全面升级甲骨文公司的软件作为全球主干平台的替代方案。他们争论不休，只好让郭平决策，郭平不是简单地决策了事，而是亲自带领顾问和项目组反复求证、沟通和分析，在他和 IBM 顾问主管的努力下，大家终于达成全面共识，基本认同了华为方专家提出的替代方案，IBM 顾问也放弃了最初设想的另起炉灶的想法。

新方案在甲骨文公司顾问的参与下快速满足了 ISC 业务流程需求，使全球 ERP 的推行至少提前了 1 ～ 2 年。同时，新方案也着力通过架构的设计，让"主干简洁、末端灵活"的架构理念在 ISC 领域得到逐步落实，坚持用全球统一的"ERP+ 高级生产计划与调度系统（Advanced Planning & Scheduling，APS）"取代了几十个零散的 IT 系统，以实现主干简洁，通过统一合同执行平台（Customer Contract Plan，CCP）等执行层面的工具实现集中服务共享的末端灵活，使公司在供应的质量、成本、柔性和客户响应速度上都取得了根本性的改善，极大地推动了全球供应链体系的高效管理。

这就是"郭老板"，举重若轻，化繁为简，利用自身的数字领导力，在不经意间把变革和转型引到了正确的轨道上。

郭平是获得过代表华为管理体系建设最高荣誉的首批"蓝血十杰"勋章的最高级别管理者。在华为内部，像他这样高级别的公司领导，基本上不会拿奖，但他很看重这个奖项，不是因为这是他个人的荣誉，而是因为这个奖项代表了公司对整个管理转型变革和管理体系建设的认可。他在 2014 年的"蓝血十杰"颁奖会上说："经过 15 年的努力，我们的管理方式要从定性走向定量，从'语文'走向'数学'，基本实现基于数据、事实和理性分析的实时管理。历史经验告诉我们，没有制度，什么都无法持续；没有人，什么都无法实现。因此，变革人才队伍建设既是驱动公司持续变革的关键，也是决定公司管理变革成败的关键。"

一个企业要想取得数字化转型的成功，除了需要企业领导者的亲自参与和投入，还需要一位像"郭老板"这样懂业务、有担当、有魄力、有数字领导力、懂得韬光养晦的数字化管理者，准确引领和有效落实企业的转型变革愿景，确保更长期有效地推进数字化转型和管理变革。

重构数字化组织，夯实数字领导力

数字化组织对于企业数字化转型的成败具有决定性作用，它承载着数字领导力的落地。华为在这方面拥有丰富的实践经验。

华为"蓝血十杰"奖与"管理工程部"

华为 IT 部门从诞生之日起就有点与众不同，首先其称谓不同于其他企业的 IT 部门，华为 IT 部门被命名为"管理工程部"。

任正非很喜欢这个名字，以至于后来根据顾问的建议和数字化组织的定位把 IT 部门改名为"流程与 IT 管理部"后，任正非在很多场合，仍然说"管理工程部""管理工程部来了没有"。

从表面上看，这只是一个称谓的不同，但这个名称背后，其实是华为对该组织的定位和使命认知不一般。这不一般的内涵主要表现在以下两个方面。

第一，任正非认为，IT 部门不是技术部门或研究部门，更不是监管部门，其工作重点是技术的应用，选择适用的技术达到业务实用的目的。其不是追求 IT 部门自身卓越的组织，而是为业务的卓越做工程、做贡献的组织。

第二，任正非认为，这个组织聚焦的是管理工程，实现的是管理变革、管理优化，其使命是用数字化手段达到业务运营卓越和有效增长。这也符合任正非对数字化的一贯定位："华为的潜力在管理，管理的重要工具是IT""流程 IT 是为作战服务的"。

任正非到底为什么这么喜欢"管理工程"这一词汇？我们或许可以从美军在"二战"期间的 10 位退伍后勤管理精英身上看到一丝端倪。《蓝血十杰》一书记载了这 10 位精英的传奇故事。

他们精通基于数字的精确管理，矢志不渝地坚持"数字"高于一切的理念，信仰数字与事实的科学精神。他们虽然不直接参与战斗，只负责为高层决策提供数据依据，但为美军在"二战"中取得胜利做出了卓著贡献，他们也成为"二战"的英雄。

"二战"结束后，他们加入了福特公司。他们把这种对数据的信仰和追求效率的工作方法带入福特公司，在福特公司业务处于严重亏损的境况下，掀起了一场以数据决策、市场导向和效率提升为核心的全方位管理变革。这场变革从根本上改变了福特公司基于直觉和经验的传统管理模式，使福特公司的管理更重视数字和科学决策，大大改善了福特公司的管理水平和成本效益，帮助福特公司从亏损的困局中迅速走了出来，重现辉煌。他们也因此获得了"蓝血十杰"的称号，人们将他们尊称为"美国现代企业管理的奠基者"。

华为"蓝血十杰"奖正是由此而来。"蓝血十杰"奖也成为华为管理体系建设的最高荣誉。

任正非在首届"蓝血十杰"表彰会上指出，华为今天坚持推行管理变革，延续"蓝血十杰"数字化工程的目的就是用互联网精神，基于数据和事实的理性分析及科学管理，基于计划和流程，基于客户导向和力求简单的产品开发策略，建立现代企业管理体系大厦。

我们把目光投向其他企业，它们可能投入很大精力做产品、开发市场，但往往容易忽略管理体系的变革与优化。而华为长期以来都在扎扎实实、兢兢业业地把管理体系当成一个一个的数字化工程来建设，赋权管理工程部，对管理体系的建设常抓不懈，不求最好，但求更好。这应该是华为长期保持竞争力的核心因素之一，也是华为管理工程部在华为存在的最大价值。而任正非对管理工程部前瞻性的定位，正好契合了数字化转型对数字化组织能力的要求。

掌握核心竞争力与外包非核心业务

准确地说，许多企业的传统 IT 部门并不是为数字化转型而设立的，它们被称为"IT 支持部""信息技术部""信息中心"或"计算中心"等，时而隶属财务部，时而隶属行政部，时而隶属研发部，时而隶属综合管理部，时而隶属总裁办公室，总之，千"企"千面，无奇不有。在绝大多数企业的功勋名册上，这个部门都是最容易被遗忘的部门。

随着企业信息化、数字化应用的广泛深入，加之近年来洞察能力强、勤劳奋进的企业家开始推进数字化转型，大家不约而同地把目光投向了数字化组织。数字化转型也使得数字化组织的定位越来越清晰。

我们先以两个美国公司微软和通用电气的案例做分析。

2017 年，微软任命了前 Microsoft Office 的产品线总裁德尔贝恩为公司首席数字官、核心服务与内部运营副总裁，既负责公司的业务战略，又主管公司的内部运营和 IT，正式把 IT 与公司运营合二为一。

德尔贝恩表示，微软之所以把原来的 IT 组织称为核心服务（Core Services）而不是 Microsoft IT，是因为 IT 即业务、业务即 IT，微软 IT 部门不再是支持性组织而是微软的核心业务组织。他从审视微软自身的 16 个核心流程开始，通过流程产品化管理思路（定义流程愿景、规划流程版本路标、设计成功指标等），对微软的核心流程进行了数字化再造。

对于内部数字化技术能力，德尔贝恩认为，由于内部 IT 是公司的核心服务能力，而从企业管理的角度来看，越核心的业务越不能外包，能外包的都应该是边缘性业务，因此，他把核心的技术资源从外包人员转移到微软全职员工，以建立自己组织的核心数字化技术能力。

有这种认知的世界级企业，显然不止微软一家，通用电气也是如此。

巧合的是，通用电气和微软几乎在同一时间做出选择，也是在 2017 年，当时的通用电气董事长兼 CEO 杰夫·伊梅尔特（Jeffrey Immelt）在"致股东的一封信"中写下这样一段话："20 年前，工业界大多数企业推行的'数字肌肉'外包，已经被证明失败了。我们吸取了这个教训。今后，通用电气所有新入职的员工都要学习编程。我们并没有期待他们都能成为会写软件的程序员，但是编程作为数字化未来的'可能性的艺术'，员工必须理解。"虽然伊梅尔特是通用电气包括数字化转型在内的几次重大转型的强力推动者，为通用电气打下了今日进军物联网、再生能源与医疗生物技术等趋势产业的根基，但也有人抱怨他开展的数字化转型导致成本上升、转型并没有迅速对业务产生价值。但是，他在辞职后的访谈中坚持认为，"数字化转型是一项长期战略，如果没有持续支持，很难成功。商业周期此起彼伏，但是未来总在前方。CEO 永远不用为投资数字化转型而感到抱歉。"

日经 BP 社硅谷分社社长中田敦长期跟踪研究通用电气，他对伊梅尔特所说的这段话有如下解读。"数字肌肉"是指推进业务数字化变革所需的执行力，具体来讲，就是推进业务变革所必需的自主开发软件的能力。"可能性的艺术"来源于俾斯麦的名言"政治是可能性的艺术"。伊梅尔特这段话的核心意思是：通用电气所有员工都必须理解数字化可以实现什么、不能实现什么，为了达到这个目的，大家都要学习编程。

伊梅尔特的这个前瞻性想法和传统制造业的常识相悖。1980 年以来的 40 年间，为了削减成本，很多大公司都选择把软件开发业务外包。通用电气曾经也十分热衷于将软件开发业务外包。2016 年，通用电气 CIO 吉姆·福勒（Jim Fowler）表示，通用电气过去 74% 的信息系统开发工作都采用外包方式。但是，伊梅尔特复盘后痛定思痛，全面否定了软件开发业务外包的做法。他认为编程是实现数字化所必需的技术手段。通用电气对待编程的态度让核心的技术资源从外包转向自研，伊梅尔特认为如果不实现向"数字化制造"的成功转型，通用电气将没有未来。

微软和通用电气这两家公司的案例有一个共同点：以 IT 组织为基础的数字化组织，已经成为企业竞争和发展需要具备的关键能力，企业家认识到必须花时间重构该组织并为该组织赋能。正如本书一直强调的，数字化转型是企业未来成功的核心战略，是企业应该长期坚持的目标。数字化转型是对业务价值链的重塑，需要持续渐进式的业务变革和持续的优化迭代。

　　笔者并不是鼓励所有企业都像通用电气一样改变"编程外包"的数字化推行模式，这也许只适合少数大型企业。但笔者相信，很多打算拥抱数字化转型的企业家都非常认同数字化组织需要有自身的核心服务能力的观点。一般来说，业务外包的原则是，作为核心竞争力的业务能力不能被外包，只有非核心竞争力的业务才可以通过外包优化资源配置、借力专业企业实现风险管理、成本控制和能力提升。除非是外包业务企业和提供服务企业之间具备某种内在紧密关联、具备高度信任关系，否则过分依赖外包提供数字化组织的核心业务能力的想法在转型企业很难行得通。在华为，前文提到的核心能力都需要自身引进和培育，而类似开发编程服务、软件包实施技术服务、维护支持服务等，则属于非核心能力，都可以被外包。

　　笔者曾经和美国一家著名企业的 CIO 多次碰面，从持续交流中了解到，因为是上市公司，资本市场非常看重成本、利润等，所以公司管理层把大量业务进行了外包，例如把客户服务等业务外包给第三方，合作方只关注合同承诺的服务，这导致扯皮严重，服务质量得不到有效保障，客户满意度持续下降，造成大量客户流失；同时将大部分数字化建设和服务业务外包出去，数字化组织基本空心化，结果导致数据中心管理混乱、成本居高不下、业务数字化停滞不前，企业的创新需求满足率越来越低。这位 CIO 感叹，他们公司实际上已经从实业公司变成一家投资公司，因为缺乏核心能力，慢慢地被其他同行超越，走向边缘化。果然，不久之后，这家公司被另一家上市公司收购，从此消失在公众视野之中。我和同事们说起此事，大家都感到非常可惜。

如果企业只把数字化组织视为成本中心而非战略投资，将组织的规模尽可能控制为以维护支持为主的职能组织，把数字化的大量能力需求寄托在服务外包上，那么组织内部将严重缺乏对转型诉求的有效承接能力，难以确保数字化技术给企业创造最大的业务价值。

过度外包现象在很多数字化转型的企业（包括大型企业）中普遍存在，是数字化转型的一个重要观念误区。如果企业家和管理层没有予以足够重视，企业的转型和未来数字化运营都将面临重大风险。

数字化转型比较成功的企业，如华为、美的，都对数字化组织的能力建设给予了非常大的投入和支持，其数字化组织都是具备掌控核心能力和规模化作战能力的数字化能力中心，所以具有很强的执行力和运营能力，能够较好地把转型的规划变成企业的数字化现实。当企业数字化平台从小系统到大平台，再到数字孪生，最终走向企业智能，必将越来越复杂、越来越重要，也越来越离不开持续优化、改进和运营。当数字化与企业的生死存亡和发展壮大息息相关时，缺乏数字化组织和数字化治理能力对企业来说将会是非常危险的。

追求公司业务的持续增长是数字化组织存在的唯一理由

1998 年 IBM 给华为做 IT 战略规划时，从数字化战略的视角，对 IT 部门做出了明确的定位：IT 部门是支撑公司战略和数字化转型的使能组织，是公司的核心竞争力之一。在数字化转型大背景下，IT 部门升级为数字化组织，但其定位依然不变，追求公司业务的持续增长是数字化组织存在的唯一理由。

　　基于这一定位，华为把数字化组织提升为公司一级部门，后来，还让CIO进入公司董事会；同时，把每年的管理变革和数字化投资预算提升到2%（公司上一年度销售收入的2%）；而且把公司级管理变革纳入公司战略投入，不占用产品线和市场区域的预算。为此，华为全面重构数字化组织，成立融合变革、流程、IT的全球统一的流程IT部门。在这个统一组织下，华为组建了面向业务的流程数字化解决方案团队、变革规划与变革项目管理团队、数字化产品管理团队、数据智能管理团队等能力组织，流程IT部组织规模近3000人（2021年华为员工约20万人，服务比约1.5%）。

　　华为秉承"数字化是一项投资"这一理念，强调数字化组织要与业务部门建立紧密的伙伴关系。为此，流程IT部需要彻底转变身份，从纯技术的支撑组织转变成业务导向型、支撑数字化转型的业务服务组织，把"服务于作战、获得企业的管理优势"作为目标，构筑自身独特的业务核心能力模型，逐步培养数字化转型所需的核心能力，包括业务流程能力、变革管理能力、架构集成能力、数字化产品管理能力、数据治理能力等，与业务部门共同打造合适的流程解决方案和数字化产品。

　　为了实现流程与IT管理部"服务于业务"的目标，华为不但要加强纵向一体化的专业技术能力平台的建设（经线），而且要加强横向一体化的业务领域综合解决方案能力的建设（纬线）。纬线能力的建设是华为对各个职能部门的首要要求。

　　用人力资源三支柱模型（专家中心、人力资源业务伙伴、共享服务中心）

来对照数字化组织的设计，经线就是专家中心，它主要包括像 ERP、PDM[⊖]等数字化产品团队、PMO[⊜]等变革与项目管理团队及架构、数据等专家团队；纬线就是面向各业务领域、流程领域的流程与 IT 解决方案团队，类似 IPD 流程与 IT 解决方案团队、消费者流程与 IT 解决方案团队等；共享服务中心就是 IT 运营服务。

2018 年 7 月 6 日，任正非与华为总干部部及人力资源部相关主管沟通时谈道："人力资源体系和干部体系都是支撑机构，不是权力机构，（要）从权力中心变成服务中心。谁是最好的 HR？赵刚——李云龙的助手。他和李云龙配合得很好，学明白了战争，最后升得比李云龙还快。我对法务部批示，不要做世界上最好的法务部，我要的是最适配生产的合作者；我对财经管理部批示，不是要做世界上最好的财经管理部，而是要屁股往下坐，要解决一些纬线管理问题。人力资源管理也有纬线问题。什么叫纬线？就是要搞明白服务对象，要搞明白为谁服务，首先要懂得谁。"

其实，任正非对法务部、财经管理部、人力资源部的这些指示，他早些年在与数字化部门开会时也强调过："不要追求数字化部门的卓越，而要追求公司业务的卓越！"因为领导者有这个意识，所以华为各级干部也有这个意识。记得华为人力资源总裁曾召集公司各业务高层主管讨论公司人均效益提升和减人增效的问题，在讨论到数字化组织人均效益的提升时，人力资源总

⊖ 产品数据管理，英文全称 Product Data Management。
⊜ 项目管理办公室，英文全称 Project Management Office。

裁说："你们的人均效益提升应该主要看公司的人均效益，要以公司整体的优化代替局部组织的优化，通过提升数字化水平实现公司效率的提升。"

清晰的价值定位、面向业务场景服务与能力中心双轮驱动的组织形态、压强式的资源投入，使华为在数字化转型路上有了稳步前进、脚踏实地的信心和保障。

综上所述，通过解读华为"蓝血十杰"与"管理工程部"、微软和通用电气的案例明确了在进行"数字化组织"外包时要特别谨慎；解读数字化组织的定位，明确了追求公司业务的持续增长是数字化组织存在的唯一理由，笔者想和读者达成一个共识：**数字化组织能力是数字领导力中的关键能力，是数字化转型的主要支撑**。在数字化转型开始之际，企业需要重构具有核心竞争力的数字化部门，重新审视和明确组织定位，把数字化当成一项业务持续投入和运营，构建面向业务的核心能力，如业务流程能力、变革管理能力、架构集成能力、数字化产品管理能力、数据治理能力等，以此推动数字化转型实现其应有的价值，支撑企业获得数字化竞争优势。

数字化组织重构的两个焦点问题

数字化转型企业必须抓住时机进行数字化组织调整，把原有的 IT 部门转变成可支撑数字化转型的数字化组织。从我们的观察来看，对 IT 部门的重构，进行得越早，优势越明显，进行得越早，沉没成本越低；如果等到数字化全面开展、数字化问题层出不穷时再进行组织结构调整恐怕为时已晚，这会给数字化转型造成很大阻碍。

在数字化组织的重构问题上，笔者了解到许多企业有不少困惑，其中有两个焦点问题经常在各种数字化转型行业峰会上被提及，下面展开探讨。

其一，数字化组织到底是集中好还是分散好？企业的数字化组织是集中管理好，还是分散在各业务领域好？集团型企业、多元化企业对这个问题尤其关注，难以取舍。

其二，流程与 IT 是否需要融合？数字化组织是否应该包含流程管理？这是让很多企业家和 CIO 非常纠结的问题。

在讨论这两个问题之前，我们先来看看华为的变革流程 IT 管理体系是如何构建的。

华为的变革流程 IT 管理体系

前文提到，笔者想和读者达成一个共识：数字化组织能力是数字领导力中的关键能力，数字化转型需要企业重构具有核心竞争力的数字化部门。那么什么样的管理方法和运营机制才能保障数字化转型的有效运作呢？

基于华为与 IBM 合作开展的 IT S&P 项目对数字化组织的定位及顾问提供的方法，华为建立了一套集变革、流程、IT 于一体的运营机制，这就是BT & IT（Business Transformation and Information Technology）管理体系（见图 2-1）。

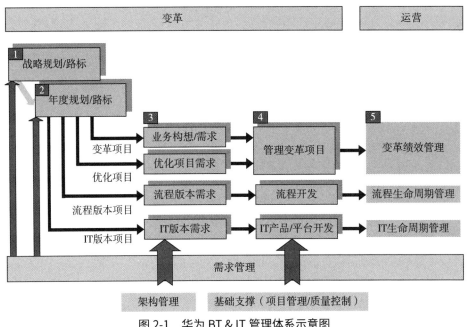

图 2-1　华为 BT & IT 管理体系示意图

BT&IT 管理体系是业务与 IT 融合的管理框架，是用来保障变革、流程和

IT 有效运作的管理支撑系统。它包括公司对变革、流程、IT 的业务目标、管理要求、业务愿景、管理政策、管控团队、绩效管理等要素，通过匹配公司的战略目标，面向公司整体层面的期望，将管控、流程与 IT、组织紧密衔接，形成一体化的变革路标。

BT & IT 管理体系的关键是把变革、流程、IT 优化项目作为解决方案来管理；IT、流程按照版本进行管理。

华为的 BT & IT 战略聚焦高价值领域，集中力量打通各产业主业务流程，快速部署流程与 IT 系统，实现公司的卓越运营和有效增长。流程分层分级的管理原则是集团管主干、业务领域管支流、一线管末端。IT 管理的原则是以共享服务的方式进行全球垂直管理，在集团层面建立统一的 IT 基础设施、协同办公平台与 IT 技术服务平台，构建集团共用主干应用平台和适配各业务领域的 IT 应用解决方案。

BT & IT 管理体系的决策组织，如变革需求指导委员会、流程 IT 变革管理团队、流程责任人、架构管理委员会等会在其他章节介绍，这里不再赘述。

焦点问题一：数字化组织是集中还是分散

组织与企业战略息息相关，组织的设计必须适配企业的战略和管理模式。从管理形态来说，数字化组织的模式可以被分为集中型管理模式、分散型管理模式以及介于二者之间的联邦式协同管理模式。

从数字化转型工作的视角看，有以下两个关键思考。

（1）数字化需要统一规划，采取具有极强约束力的统一组织行动，才能

实现预期的数字化转型。

数字化转型不同于原来的信息化工程，其关键词是价值链重构、端到端流程打通、数据共享、平台化共享。这些变革需要企业有统一的数字化定位、数字化愿景、数字化转型策略、变革管理架构、企业架构、数字化投资预算及共享的数字基础设施、技术标准规范。例如，财务共享、人力资源共享、投标共享、人工智能平台、应用产品平台、企业数据平台等，都需要从全局利益出发，统筹规划，统一实施。

在这个过程中，数字领导力和数字文化往往是许多企业的短板，需要在转型过程通过实践学习逐步弥补。因此，企业要想全面推动数字化转型工程，一个强势的、统一行动的数字化组织和决策机构非常有必要。

(2) **数字化转型阶段，关键资源要做到"力出一孔"。**

在数字化转型阶段，数字化专业资源和业务关键资源一定是稀缺资源，企业必须集中精力，强化内外部资源管理，收缩战线，凝聚所有数字化和业务变革力量。华为称之为"聚焦有限的城墙口进行饱和攻击，实现端到端流程变革、端到端数据链条拉通"。

基于上述两点考量我们发现，没有统一的规划、预算，缺乏实现资源统一调配的组织形态，企业是无法很好地完成数字化转型的。所以，分散的数字化组织模式不适合企业的数字化转型。

华为、美的等在数字化转型方面取得成功的企业，在数字化组织重构时基本上都选择集中资源，倾向于集中型管理模式，至少应该是联邦式协同管理模式。所谓联邦式，主要体现在企业层面指定的统一责任领导、统一规划，架构、预算和变革管理，共享数字化、专业化能力中心等方面。

事实上，**数字化组织的集中和分散具有阶段性。**

在数字化转型阶段，数字化组织大多会采用集中型的管理模式，减少不同业务和部门之间的资源扯皮现象，强化转型的规划一致性和执行力，有利于数字化关键资源共享和核心能力的提升，有助于数字化公共平台的建设。笔者经历过华为从分散到统一的数字化组织重构过程。华为在刚开始变革和转型时就逐步收编了原来隶属于业务部门的 IT 组织和资源。华为采取的是平稳过渡的方式，按照数字化转型推进的领域和节奏，涉及一块，收回一块。组织整合后，华为就可以系统性地优化各领域应用架构，大大提升各领域 IT 组织的业务背景和专业能力，为该领域的数字化转型提供长期有效的支撑。

在数字化转型进入平稳迭代运营阶段时，一方面，企业已经基本建立了共同的数字文化、强大的数字领导力、运作有效的变革规则；另一方面，业务架构、应用架构、数据架构等架构管理已经非常成熟，企业的架构管控意识和能力也显著增强，主干应用和数据治理体系比较完善。在这种背景下，数字化业务伙伴组织（即面向各领域的解决方案团队）可以把更多的资源和权力下放到各业务领域或板块，充分调动各业务领域的灵活性和个性化改进的积极性，避免僵化。当然，这样的运作模式一方面需要企业做好架构的分层管理，前端的灵活不能被后端的共享淹没；另一方面，在组织设计层面，要协调基于专业能力的经线和基于业务客户的纬线。如果基于分层分级的变革转型委员会能够运作到位，实现业务主导变革、需求驱动转型，那么这个问题就会妥善解决。

焦点问题二：关于流程与 IT 融合的问题

流程与 IT，好比太极图里相互作用的阴阳两极。

《易经》告诉我们，万物都有阴阳两面，阴阳相互作用从而达到统一，阴阳交感派生万物。

流程与 IT 则是反映业务实质的两面：流程承载的是业务流，IT 承载的是信息流，它们之间是相互依存的，是实与虚、阳与阴的关系。

华为内部曾经专门发文来界定二者的关系：**流程是公司管理的基石，通过 IT 可以固化流程，从而提高流程的运作效率。**

华为的数字化转型在流程建设和 IT 建设上都是一体化项目或项目群运作。笔者看到有些企业把流程建设和 IT 建设分开了，单独请咨询公司先做流程建设，然后考虑另起项目做数字化实施系统，而实施后续工作的顾问公司往往无法继承原来的流程设计。原先的流程建设项目很容易成为一个纸上流程（paper work），实用价值不大；而 IT 建设项目也很可能做成一个为技术而技术、为上系统而上系统的项目，缺乏业务牵引和价值导向，容易走入技术误区。

数字化转型需要数字化组织成为业务部门的伙伴，把业务部门当成客户，具备很强的业务解决能力，融合流程与 IT，为业务部门提供更有价值的服务。

在这样的背景下，IT 部门会走进业务，从原先的技术配角变成熟悉业务、懂业务流程的解决方案组织，既能为业务提供流程设计和优化建议，又能协同、整合流程方案和数字化方案，集成业务解决方案。所以，很多企业将流程和 IT 整合，组成一体化的流程 IT 部门。整合流程与 IT 的目的是实现从技术驱动到业务驱动的组织转型，牵引数字化组织不片面追求技术上的完美，而是以业务结果为导向、以提高业务效率，促进业务增长为己任。

华为在这个理念的基础上率先迈出一大步，将质量也融合进来。

华为推崇"大质量"的管理思想。用一句简单的话来说，质量就是符合要求。狭义的质量更多的是关注产品质量、生产质量、采购质量等，华为提出的大质量不仅指大家普遍认为的耐用、不坏，还包括基础质量和用户体验这些泛质量概念：不仅要把产品做好，还要持续不断地提升消费者的购买体验、使用体验、售后服务体验。流程是承载业务流的，而任何业务流都对质量有要求——对质量的要求必须随业务流构筑在流程中，这就是华为大质量管理的核心理念。

华为组织设计的理念是大部制，数字化组织也是按大部制来设计的。因此，基于大质量的管理理念，华为把质量、流程、IT 和变革都整合在一起，组成一个大的一级部门，即质量流程与 IT 管理部。华为认为："我们要的是领先，要的是成为领导者，要利用世界上一切优势资源、一切先进的工具和方法，实现高质量！"

当然，数字化组织具有流程部门的能力，并不代表它可以代替业务部门承担流程管理的职能。因为流程的第一责任人是业务主管，所以流程的问题首先是业务主管的问题。数字化组织如果不懂业务、不懂流程设计，就很难为业务流程的优化提供适合的解决方案。流程建设落地后，业务部门要组建留守部队，即质量流程运营团队，以便与数字化组织相互配合，作为流程责任人的左膀右臂，为流程日常的质量管理、绩效评估和持续优化提供支撑。

综上所述，在数字化组织重构时，大家普遍关注的两个焦点问题：数字化组织到底是集中好还是分散好？流程与 IT 是否需要融合？华为用自身 20 余年的数字化实践给出了清晰的答案，供企业走数字化转型之路时参考。

塑造以自我批判为基础的数字文化

除了前文提及的数字领导力和组织重构，企业还需要重点关注数字文化。通俗来讲，企业文化就是公司上下统一认知的、愿意践行的、相互强化的理念和行为习惯。这些理念和行为习惯是管理团队带领公司全体员工长期习得的。可以说，**数字领导力和数字文化是事物的一体两面。**

在数字化转型过程中，企业文化转型与管理转型、业务转型、数字化技术运用等具有同等的重要性，因为文化建设能够为管理转型、业务转型、数字化技术运用等提供令其事半功倍的沃土。在企业数字化转型过程中，业务重塑、数字平台的实现固然重要，是转型的核心内容，但观念的转变、文化的认同、流程化数据化思维的培养才是数字化转型成功的决定性因素。

有一次，一家企业的 CIO 对笔者抱怨，他说推动数字化转型很难，进展很缓慢，为此经常挨老板批评。老板只关心花多少钱、卖多少设备和软件、做多少事，根本不重视数字文化建设。老板对他说，文化这东西太虚，公司不需要，要他们只管照做。

业界很多 CIO 在推动数字化转型时，或多或少都碰到过类似困境。根据美国波士顿咨询公司的研究，注重企业文化培养的公司，其转型成功率是不重视文化建设的企业的 5 倍。

那么，如何塑造强大的数字文化？笔者认为需要在如下三个方面下功夫。

"自我批判"的危机意识

达尔文在《物种起源》中揭示的一个自然规律是"物竞天择，适者生存"，是指生物必须适应环境才能生存和延续，不能适应环境就会被自然淘汰。

要想适应环境、及时做出改变，必须时刻保持警觉，否则，就如同非洲大草原上那些警觉性不高、最晚发现敌人的羚羊，一定会成为狮子、花豹或鳄鱼口中的猎物。

自然世界中的所有生物都是如此，包括聪明的人类。从这个角度来看，成功的人只有一种，那就是能不断适应环境变化的人。企业也是如此。

因此，华为始终信仰"惶者生存"，认为持续的危机意识是企业进步的动力。

在数字化时代，社会的方方面面都在快速、剧烈地变化，许多技术和管理都在进步。比如，华为以前引以为傲的"一张工卡走遍天下"——用工卡刷考勤、消费、解除门禁、打印等惯例，现在逐步被手机替代，变成微信消费、远程打卡等，以前早上上班排长龙打卡考勤的景象没有了，代之以手机远程打卡。

在这种环境下，企业面临的挑战会越来越大，只有直面问题，直面挑战，时刻警醒、反思和改进，才能继续立于不败之地，否则就会止步不前，逐步被淘汰出局。

这种警醒、反思和改进就是自我批判。只有从公司层面坚持自我批判，数字化转型才有肥沃的管理改进土壤。所以，自我批判是数字文化的基础。

自我批判是华为最重要的核心价值观之一，华为把自我批判看作拯救公司最重要的法宝。1996 年市场部集体大辞职时提出的"烧不死的鸟是凤凰"，2000 年研发体系反幼稚时提出的"从泥坑里爬起来的人就是圣人"，2010 年因为马来西亚客户投诉而掀起的"马电事件"，2015 年因为"一次付款的艰难旅程"而提出的"炮轰财务部"等都是华为从上到下进行自我批判的最好佐证。如果说以上是管理层的自我批判，那么面向基础研究和新业务领域的产品研究组织——华为 2012 实验室，则是对现有产品及技术进行反思和改进、进行自我批判的重要武器。

自我批判最重要的传承者是管理者，尤其是高层管理者。华为的自我批判是包括任正非在内的高层管理者身体力行、带头在实践中积累和总结出来的。在华为干部的管理政策中，干部有没有自我批判精神是重要的考量因素，只有具备自我批判精神的人，才能容天、容地、容人，才能得到提拔和重用。

华为的许多管理者犯了错误会发自内心地写份检讨发表在华为内部报刊《管理优化》报上，华为人对此早已习以为常。笔者亲眼见证了华为各式各样、各层各级的自我批判，例如任正非因更改会议室设计图致使装修返工而自我检讨并缴纳罚款，销售体系干部因上班打牌而检讨，业务负责人因产品品牌定位错误而检讨，负责人因产品质量问题而检讨等，以及民主生活会、管理者自律宣誓等。而华为自我批判最重要的运用是对业务和管理的深度反思！这种自觉进行深度反思的意识和行为，推动华为战胜一个又一个困难，促进企业核心竞争力的螺旋式上升，帮助华为走到今天，走向未来。

一位从事智能汽车研究的朋友讲述了一件有意思的事。有一年，他去参加在德国举办的全球汽车展，恰好参加了几个德国车企高管的闭门讨论会。在会上，这些高管对特斯拉不屑一顾，他们认为，在汽车行业，特斯拉不算什么，行业的发展命脉还掌握在他们的手中。后来，新能源汽车的发展速度远远超乎他们的意料。2021 年 1 月，全球 10 家头部传统车企（丰田、本田、日产、大众、奔驰、宝马、通用、福特、菲亚特、斯巴鲁）市值总和是 6680亿美元，而特斯拉同期市值是 6590 亿美元，以至于西方媒体用了一个很有冲击力的标题来报道这件事情："TESLA vs WORLD"（特斯拉 vs 世界）。如果这些传统车企没有强烈的危机意识，不愿意自我批判和否定自我，不调整传统的产品和管理思维，不接纳以电动技术和软件驱动汽车模式为核心的智能汽车模式，这些企业，无论它们以前有多么风光，在不久的将来也可能被市场淘汰。

举个例子，曾任宝马汽车 CEO 的哈拉尔德·克鲁格去职的原因之一就是其在电动车领域的"迟缓与保守"。克鲁格停止了电动车的研发，转而投入高耗油车的研发，这一举措使宝马在电动车领域远远落后于其他汽车厂商。传言宝马的研发主管认为消费者没有电动车需求，而新任 CEO 也质疑："特斯拉能否保持高增长？"这种论调是不是似曾相识？ 2007 年乔布斯推出 iPhone一代智能手机时，诺基亚高层也对此嗤之以鼻。

华为近几年已经大举进入智能汽车领域，其实这并不是华为一时兴起赶时髦或者蹭热度，而是华为在管理上长期保持危机意识的自然体现，是在技术储备上多年积淀的必然结果，更是对业务战略进行反思和批判后做出的转型选择。华为在自我批判文化的熏陶下，在消费者业务高速发展时，2012 实验室等技术研究组织就已经开始智能汽车领域的基础操作系统、自动化技术预研、芯片及智能产品研究等能力的储备工作，所以外界看来，华为的业务转型比其他企业来得更为坚定，也更水到渠成，但大家看不到的是华为背后很多内部能力储备和自我批判文化在起作用。

从上述例子可以看出，**传统企业走数字化转型之路难度确实很大，但只要能坚持自我批判，营造自我批判的土壤，就有可能快速达成转型共识，减少转型阻力，推动转型的顺利进行。**

"开放、妥协、灰度"的变革意识

运用自我批判的工具发现问题、发现变化、认识不足，接下来，有没有强烈的求变意愿和决心就成了能否找到方法、提升能力、拥抱变化的关键。企业的变革文化将使企业能够在危机中先发制人，实现自我颠覆，抢占市场先机。

经验表明，几乎所有组织一开始都是抗拒变革的，尤其是涉及责权利和业务模式的变革，面临的阻力会特别大。因此，**良好的变革意识是保障数字化转型顺利进行极其重要的元素。**

作为企业重大变革的数字化转型，与其他任何重大转型一样，管理者需要引导企业全员支持转型变革的文化，凝聚变革共识，学习变革方法，容忍变革阵痛；管理者要有"舍小我、成大我"的格局意识，更重要的是开放自我，敢于否定既有的管理经验和业务模式，向外看，开放学习，避免把好的数字化管理工具或平台按自己原有业务模式改造，进而陷入数字化困境。如果故步自封，数字化转型就一定会走向失败。

"开放、妥协、灰度"是华为文化和任正非经营哲学的精髓。开放才能永存，不开放就只会昙花一现，因此华为开放地向所有人学习。妥协既是一种让步的艺术，又是一种美德，在不同的时空做出审时度势的正确决策，使各种影响发展的要素在一定时期内达到和谐。这一达到和谐的过程叫妥协，达到和谐的结果叫灰度，掌握这种让步的艺术，是管理者的必备素质。

"尊重流程、尊重数据"的管理意识

对管理者来说，企业走上数字化转型道路意味着什么？

企业通过数字化转型，将逐步使流程更加精简，组织更加扁平化，沟通更加横向化、更加直接，决策更加智能、更加高效。在这种管理模式下，管理者需要做出以下两个转变。

第一，形成基于流程管理、流程授权、流程调配资源的管理模式。

许多企业在推进流程的过程中，管理者甚至高层管理者往往是最不遵守流程的，甚至破坏流程、违反流程，成为流程标准化、规范化的障碍，把自己当成例外。还有一些管理者把数字化的流程责任进行不适合的向下授权。在华为，一旦查出有以上现象，该管理者的相关流程权限就可能被取消。

在流程管理模式下，基于流程运作，无须事事请示，各个流程角色按照标准和规则履行各自的角色职责，对流程负责，即对下游的流程客户负责。华为提出"一线呼唤炮火"，就是基于流程调配后端资源，而不是通过以前复

杂的行政科层式组织驱动。

第二，形成尊重数据、重视数据、运用数据的数字文化。

没有数字文化，就不能算真正的数字化转型成功。

有些企业在数字化转型的过程中，上了系统后，业务管理决策所用数据和系统数据依然是"两张皮"，即系统的数据依然是系统的数据，各部门对数据进行重新加工，变成自己部门认可的数据和指标，由此导致系统里有许多垃圾数据，没人管，各部门管理者自扫门前雪，各自为政，这是典型的缺乏数字文化的行为。尊重数据是尊重流程上产生的数据，重视数据的第一个原则是确保数据准确。数据准确后，相关人员下一步就可以对数据价值进行深度挖掘和决策运用。

综上所述，塑造强大的数字文化，需要在如下三个方面下功夫。

第一方面："自我批判"的危机意识；

第二方面："开放、妥协、灰度"的变革意识；

第三方面："尊重流程、尊重数据"的管理意识。

在数字化转型的进程中，具有"自我批判"的危机意识的企业，更能够识别危机、发现机会并快速行动；具有"开放、妥协、灰度"的变革意识的企业，可以快速学习他人、加快转型、找到自我蜕变的方法和模式，抢先获得竞争优势；具有"尊重流程、尊重数据"的管理意识的企业，必将涌现出一批批拥有流程管理能力和数据经营能力的新型领导者，带领企业实现数字化的落地生根，避免变革"回潮""复辟"。因此，塑造企业数字文化，既能牵引企业提升数字领导力，又能对企业取得数字化转型成功起保驾护航的重要作用。

第3章

变革力

〔本章精彩观点〕 数字化转型是一个复杂的管理变革工程，从战略规划到执行落地，关键不在于数字化，而在于转型变革！转型变革离不开制度化的变革管理体系。

那么应该如何做好变革管理，需要怎样的变革力来为数字化转型保驾护航？变革管理的本质是常态化提升企业的变革力。

- 变革的本质是利益再分配，是涉及所有利益干系人的责权利的重大改变，任何转型变革都会给组织、干部、员工带来不适应性和不确定性。激发认同感是变革管理的关键，也是变革成功的基础。

- 必须建立以客户需求为导向、分层分级的委员会决策体系（变革需求指导委员会、各领域流程与IT

变革管理团队等）和充分授权的变革项目管理办公室，明确运作机制，确保其有效运作。

- 必须有统一的变革规划和企业架构，将变革目标对准业务需求，做好架构和需求管理，以标准化、模块化、版本化的企业架构支撑业务数字化需求的变化。

- 华为变革管理和数字化转型坚持"七个反对"原则：坚决反对完美主义，坚决反对烦琐哲学，坚决反对盲目创新，坚决反对没有全局效益提升的局部优化，坚决反对没有全局观的干部主导变革，坚决反对没有业务实践经验的人参加变革，坚决反对没有经过充分论证的流程进行试用。

数字化转型关键在于转型和变革，不在于数字化

在战略上准备拥抱数字化，规划了数字化的战略蓝图之后，一个新的问题摆在企业面前：如何才能把蓝图变成现实，使数字化转型的过程和结果可控，使所有努力能够汇集到促进管理进步的大江大河中。

数字化转型是一个复杂的管理变革工程，从战略规划到执行落地，关键不在于数字化，而在于转型变革！转型变革离不开制度化的变革管理体系。

哈佛商学院终身教授约翰·科特（John Kotter）在《领导变革》一书中给变革下了定义：变革是指企业进行的新技术运用、重大战略转移、流程重整、兼并收购、业务重组、企业为增强创新能力而进行的尝试及文化改变等活动。

变革的本质是利益再分配，是涉及所有利益干系人的责权利的重大改变。任何转型变革都会给组织、干部、员工带来不适应性和不确定性，从而导致工作效率下降，变革管理的核心就是要把这种负面影响降到最低，尽可能减少转型变革的阻力，提高变革的准备度、接受度，促进变革的全面成功。

在此，笔者先来分享两个数字化转型失败的案例。

A 企业

为了拥抱数字化，A 企业匆匆上线了一个给营销人员和经销商使用的营销 App，打算让经销商在线提交需求计划，但经销商总是找各种理由拒绝，

要么网络不通，要么要货紧急来不及报，要么干脆忘了。营销人员一方面要不停地处理经销商的非计划需求，另一方面还要挨公司批评；工作量没有减少，处理新的问题还要花费很多时间，营销人员为此叫苦不迭。A 企业的数字化转型推行了几个月后，实在推行不下去了，只好放弃。

B 企业

该企业打算上线财务共享数字化平台，看了标杆企业的系统后，觉得与自己企业的需求适配度很高，可以快速复制。但变革项目组仔细分析后发现，虽然 B 企业与标杆企业的业务流程基本一样，但具体业务、标准等需要根据自身的实际运作情况进行重新设计，最大的挑战是需要改变一线的操作习惯。因此，项目组必须请更多的一线业务人员参加讨论、修订并达成共识，否则后续在一线推行时会有很大的阻力。这时大家才意识到：这个看起来很简单的复制项目，实则需要对自身业务做出极大的改变。来自人、组织和惯性的阻力超过预期，最后这个财务共享数字化平台上线的事不了了之。

通过以上两个案例可以看到，**转型变革过程中经常被人忽略的内容是，与人的思维、文化、习惯、利益相关的变革管理。**

如果有心留意，类似 A 企业、B 企业的例子还有很多。数字化转型需要改变企业的业务流程和运营模式，尤其是与之相匹配的企业文化、管理者的责权利、员工的工作习惯等。因此，数字化转型绝不仅仅着眼于上线一个新的技术平台、引入一套新的技术工具，不能等同于技术性方案。从解决难易程度来看，技术问题反而是最容易解决的问题，而最难解决、可能是许多企业不愿意投入的问题是改变人的思维、文化、习惯和岗位的责权利。

约翰·科特在对 100 多家企业进行研究后发现，大多数企业都没有很好地处理大规模的企业变革。由于接触的成功变革案例少，它们犯了许多本可以避免的错误。而那些在变革中取得成功的组织，通常都预先知道如何克服本组织中那些抵触新事物的因素。

根据约翰·科特的研究，企业要进行大规模的变革，**亟待解决的核心问题就是改变人们的行为**。

要改变人们的行为，激发认同感是关键。有效的变革管理就是让与变革相关的员工和所有利益干系人在长远价值上达成共识，自愿做出改变，主动接受变革，构建起"力出一孔"支持变革的组织氛围。

常态化变革管理的关键，是聚焦解决变革过程中与人相关的 8 个方面的问题：

- 利益干系人分析和变革准备度评估；

- 变革项目管理计划的制订；

- 为变革项目的业务赞助人和业务领导赋能，提升变革支持能力；

- 为变革进行组织文化调整；

- 与变革适配的组织、岗位技能设计；

- 关键人员的沟通计划的制订；

- 教育培训计划的制订；

- 变革绩效评估和变革激励方案的制订。

下面，笔者以华为在变革方面的举措为例，为大家阐述一下华为的变革项目是如何重视沟通和推行的。

IPD 变革项目在第一阶段报告完成后，公司对宣传推广工作提出明确要求：部门最高领导必须亲自抓推广培训。自 1999 年 11 月起，华为花了 1 个多月的时间，在研发体系、市场、供应链、技术服务、职能部门、采购、子公司相继开展了培训，由公司最高管理层牵头完成了对全公司所有骨干人员的培训；同时，华为分层分级组成许多推广小组，推广培训普通工程师和不同岗位的员工，包括国内外办事处人员和新入职员工。

在华为的变革项目中，新流程与 IT 应用系统的上线只是完成变革的前半程，更重要的是推行，这是变革的重要环节，马虎不得。在推行阶段，公司有明确的组织任命，推行组必须由前期参与项目的相关业务领域流程责任人牵头，作为推行第一责任人，一方面以身作则带头进行变革方案推广，另一方面保障推行中的业务资源及时到位。推行组要包括所有重要岗位的主管，业务主管对变革的接受程度对变革项目能否顺利进行起到至关重要的作用，同时，要让更多的员工参与其中。推行过程中最为重要的是进行系统性、全面性的学习和培训，企业要全方位地对变革收益进行宣传引导，对重要的业务岗位进行严格的培训和考试，围绕大家对变革点的理解和认同及新的流程、应用的技能学习，对变革的两头（支持变革与阻碍变革的干部员工）进行奖惩。

华为内部经常强调，变革是一个细致活，"魔鬼"都在细节当中，因此一定要把变革推行做扎实。在变革的过程中，项目组和管理层要正视人的问题，立场坚定地鼓励愿意变革和积极行动的行为，坚决扫除那些空喊变革但没有行动力的阻碍力量。

最近几年，摩托罗拉、诺基亚、柯达、索尼、雅虎等一批曾处于领先地位的企业相继陷入困境，甚至破产，越来越多的成功企业感受到前所未有的危机和挑战。对中国企业来说，移动互联网等新兴技术带来的颠覆性冲击，成为很多企业家的"心病"，而全球化征程中的陌生感、孤独感和风险性无处不在。常言道：在这个世界上，唯一不变的就是变化。但是今天，商业环境的变革速度和变革规模正以前所未有的态势在发展，组织的生命周期在缩短。有人说，互联网行业的 1 年相当于传统行业的 7 年。在 21 世纪，平均而言，一个人的人生经历将会是 100 年前的 10 倍，甚至更多。

打个比方：今天的中国企业就像一支从长江驶入茫茫太平洋的船队，在长江中时，它们浩浩荡荡、披荆斩棘、顺利前行，但是，太平洋不是长江的简单延伸。长江有明确的流向，水势平缓，气候稳定，两岸有靠，但太平洋横无际涯，波谲云诡，变幻莫测，无所依靠。要想在未知的广阔水域"直挂云帆济沧海"，原有的思维模式、行为模式很难胜任，需要适应高度不确定环境的思维模式和行为模式。

当变革与转型成为常态、成为决定性变量时，企业最需要的就是领导者对旧的思维模式和行为模式的改变！ 20 世纪 90 年代 IBM 成功转型的背后，是郭士纳对 IBM 思维模式和行为模式的改变；而同一时期苹果公司成功转型的背后，是乔布斯对苹果思维模式和行为模式的改变。约翰·科特教授认为：取得成功的方法 75% ~ 80% 靠领导，其余的靠管理，不能反过来。管理不是领导，管理是让一个系统正常运行，帮助员工完成自己知道如何完成的事；而领导是建立新系统或者改变旧系统，带领员工进入全新的、很少了解甚至完全陌生的领域。这一点在快速变革的世界有着巨大的启示，因此，读者要理解一点：本章讨论的变革力和上一章讨论的数字领导力是分不开的。

华为如何建立以客户需求为导向的变革管理委员会

1999 年，根据 IBM 顾问所做的 IT S&P 项目报告的建议，华为成立了公司变革与信息技术指导委员会（Enterprise BT & IT Steering Committee），简称"变革指导委员会"或"ESC"。

作为公司最高层级的变革与数字化转型的决策管理机构，ESC 决定着企业变革与转型的方向、节奏和价值取向，也策划和指挥着变革的重大战场及核心资源的统筹调配，如同大型交响乐团的总指挥，是核心角色。

但是，几年后，任正非提议把"变革指导委员会"更名为"变革需求指导委员会"（Requirement Steering Committee，RSC）。

"RSC"和"ESC"有什么不同？

华为管理变革从 1998 年开始，从最初的抗拒变革到慢慢地习惯变革，各个业务组织看到了变革带来的价值，于是，大家的热情被调动了起来，从战略对标、规划解码、一线业务反馈中发现了不少变革线索和需求，这些需求往往是对问题的局部优化；随着华为变革进入新的阶段，可能因为跨组织、跨业务群、底层逻辑重构等，涉及面非常广，反而没有人敢提出难度很大的变革需求，大家有意无意地闭口不谈，比如从供应链到服务交付（华为面向客户的服务，如组网等，其实也是一种类似生产制造的交付过程）的拉通问题，严重影响客户体验的产品数据在制造、销售、服务等全生命周期的一致性问题等。

任正非看到这种避重就轻的现象后，**在一次与顾问的研讨会议上郑重地与顾问和变革指导委员会商量，建议把"变革指导委员会"更名为"变革需求指导委员会"**，他的理由有三点。

第一，必须强调以客户为中心，强调变革目标要对准客户需求。高层领导更要花时间主动了解关键客户，了解客户的关键需求，以指导公司的变革方向。

第二，委员会不是听取汇报的组织，不是橡皮图章，要把变革当成一种投资。委员会要对变革结果和投入产出比担负主要责任，只有这样，才能把变革工作落到实处。

第三，变革需求不能掌握在基层员工手里，要从全局视角来看变革，要由有全局观的干部主导变革。需求是变革的源头，必须严格把控，不能误导公司、误导顾问，不能投入大量精力实现一个没有价值的需求。

于是，这就有了后来华为内部文件中经常出现的变革需求指导委员会。

为了落实变革需求指导委员会的组织定位和管理理念，华为重新任命了变革需求指导委员会主任，由华为全球销售与服务体系总裁胡厚崑（后来的集团副董事长、三位轮值董事长之一）担纲。胡总接受任命后，从线索到回款（Lead to Cash，LTC）等大型营销变革项目也随之逐步启动，把华为管理变革和数字化转型推上新的高度。

从华为变革指导委员会的更名可以看出，虽然只是一个词的改变，但它对变革管理者来说是高屋建瓴的指路明灯，**道出了华为业务变革始终对准客户需求的经营本质，表明了华为把管理变革做实、做透的决心，凸显了华为数字化转型必须以业务价值为导向的实践原则。**

这个改变体现了华为管理变革的核心逻辑：**管理变革要以客户为中心，从客户中来到客户中去，要从一线往回梳理流程。**之后，华为梳理出的一级流程全部是按这套逻辑来构建的。基于这个核心逻辑，我们就很容易理解为什么华为舍得把最优秀的人放在市场一线。因为只有当一线准确锁定客户需求时，后端才能避免做无用功，才能避免浪费大量机会成本和沉没成本。若你把公司二流、三流的人放在一线，一线听不懂客户的真实需求，无法"对症下药"，这才是一家企业最大的浪费。

华为的变革决策是分层分级的委员会决策，除了变革需求指导委员会，还有各级数字化（流程与 IT）变革管理团队（Business Transformation and IT Management Team，3T），例如公司级 3T、各流程 / 各板块领域 3T 等，这样既有利于统一管理，又可以调动各领域数字化转型的主动性和灵活性。各级决策团队都必须由业务领域的核心管理者和流程与 IT 组织的相关主管组成的"业务与数字化一体化团队"，它们共同决策，避免出现业务和数字化"两张皮"的现象。

它们的主要职责和相互关系如图 3-1 所示。

开展数字化转型的企业，在变革决策的运作模式上需要有明确的、高效运作的混合一体化模式，华为的变革决策链条值得学习参考。在具体的组织设计中，不同规模的企业对转型变革决策的具体细节可能有所不同，比如，许多企业把变革需求指导委员会和公司级变革管理团队合并为一个团队。必须强调的是，不管如何设置决策组织和决策机制，企业必须踏踏实实地把这些组织运作起来，发挥它们应有的价值，真正对转型变革负起责任。公司一把手要切实参与这些决策组织的建立、运作和协调，甚至直接领导这些决策机构，要对不积极推动和参与决策的主管及干部进行问责，避免"破窗理论"的负面效应。

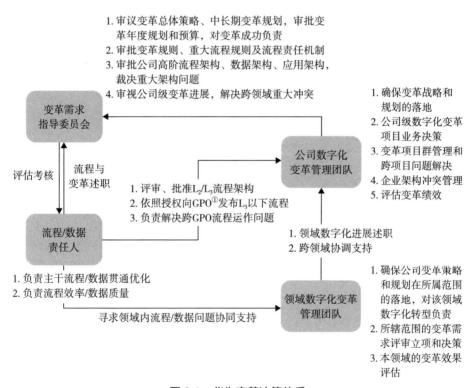

图 3-1　华为变革决策体系

注：①全球流程所有者（Global Process Owner，GPO）。

华为如何运作变革项目管理办公室

为了减少管理变革的阻力，企业必须进行有效的组织和领导，确保变革的每一步都有序进行。为此，数字化转型同其他任何重大变革一样，需要建立明确的变革管理和决策组织。

熟悉华为管理变革和数字化转型的读者都知道，**在华为，变革项目管理办公室（通常被称为"PO"或"PMO"）是变革管理体系的核心一环，是制度化变革管理的组织基础。**

有不少企业在推动变革时也向华为学习，成立变革项目管理办公室，不过实际运作基本是由一两人完成的，而且配备的人员职级都不太高，在公司话语权比较小，因此只能做一些辅助性工作，比如项目进度汇集、准备领导汇报材料等，有点像秘书机构，无法对变革和转型起到实质性的牵引作用，运作效果普遍不理想。

这样的PMO，存在以下5个典型问题。

第一，对干系人影响不足。变革管理最核心的任务是关注变革过程中与人相关的因素和问题，或者说是利益干系人的变革管理，所以定位不够高的PMO，变革影响力必然不够，也就无法做好利益干系人的变革管理。

第二，业务推动力不足。因此，PMO无法输出真实有效的变革管理计划，无法在公司层面有效推动变革文化的形成。

第三，管理协同力不足。PMO 不能对变革项目进度和项目间关系进行有效的协调和管控。

第四，变革赋能力不足。PMO 无法对重大项目内的变革进行赋能，重大变革项目往往因为没有设置变革赋能的职能而面临巨大风险。

第五，战略执行力不足。PMO 难以凝聚变革共识，无法推动变革的良性互动和发展。

我们一起来看一看华为是怎么做的。

作为公司管理变革和数字化转型最高管理决策机构（即变革需求指导委员会）的常设执行组织，华为变革项目管理办公室负责统筹公司的变革管理。

华为的 PMO 从一开始就被赋予非常高的定位，对组织能力的要求也非常高。PMO 不仅有变革管理专家，还有从业务部门选拔过来的资深管理者或业务精英，包括研发、销售与服务、供应链、流程 IT 等各个业务领域的人员。例如，华为 PMO 第一任主任是当时公司主要的高层管理者之一、后来成为公司轮值董事长的郭平，他当时也是采购、流程 IT 等业务部门的总裁；在郭平之后，研发副总裁李晓涛、流程 IT 常务副总裁胡彦平等都担任过 PMO 主任。这些由任正非亲自选拔进 PMO 组织的干部，具备开阔的全局视野、深厚的业务背景、承上启下多层次的沟通能力，为变革推行打下了良好的基础。

从笔者参与华为管理变革和数字化转型项目的经历总结下来，企业要做好变革管理，必须赋予 PMO 以下主要职责。

（1）推动变革文化的形成，让各级管理者和员工达成必须转型的共识和承诺变革的决心，增强变革的紧迫感。

（2）支撑好变革决策团队并推动相应的配套运作机制落地；协助组织变革规划，监控转型变革项目的进展，尽早发现变革项目的风险、冲突和问题，并推动决策团队及时予以解决。

（3）制订变革总体沟通和教育培训计划，有效推广和宣传已经确立的变革战略、蓝图和愿景，使之成为公司变革的共同目标。

（4）项目中组建变革管理团队，把变革管理职能落实到数字化转型项目中。

（5）建立变革项目绩效测评体系，开展制度化的评估机制，平衡短期收益（快速见效）和长期收益（系统化变革）。

（6）持续激励，推动形成拥抱变革的文化。

（7）培训变革项目的项目经理。

我们一直把变革管理中的沟通、宣传、培训和变革意识的培养等工作作为企业变革管理的重点之一。华为管理变革和数字化转型期间，笔者曾在流程 IT 部成立了一个数字化文化宣传工作组，负责倾听业务部门对数字化工作的建议，收集数字化给业务带来的成果，从业务和客户视角而不是技术视角看待数字化成果，以增强企业对变革效果的认同，强化数字化与员工之间的纽带关系。我们希望通过数字化转型与变革过程的案例分析，引导业务部门建立正确的数字观，达到管理好业务期望的目标。

综上所述，企业推进数字化转型时，不仅要做好业务方案和技术方案等硬输出，还要关注转型过程中与人相关的变革管理软输出，软和硬两手都要抓，变革才能真正落到实处。

华为"七个反对"变革原则

华为管理变革和数字化转型的"七个反对"原则，在业界广为传播。排在"七个反对"之首的是"坚决反对完美主义"，这是华为管理变革和数字化转型成功的基本原则。

"完美"本身不是贬义词，工作中追求完美、尽量把事情做到最好、避免反反复复、确保高质量交付，当然是好事，但华为为什么要旗帜鲜明地反对完美主义？笔者此处分享两个例子。

有一次公司会议上，任正非在提到不要追求完美时举了一个例子："前不久，芯片子公司海思向我汇报，'老板，我们的芯片一次投片成功率达到100%！在业界，这个指标通常只有 30% 左右'，我当时问他们，'你们认为100% 是好还是坏呢？我们为什么要追求 100% 的成功率？你们可能让公司错失了很多好的发展机会、贻误最佳战机'。如果将一次投片成功率指标降低，不追求完美，允许有些失败，让开发设计人员放开手脚，有些芯片就可能更早一点拿出来，就有可能把握更多的市场机会。许多芯片的生命周期本身就很短，市场机会稍纵即逝，追求 100%，失去的可能更多，因小失大！"

笔者再举一个华为反对在产品技术上过分追求完美的例子。有一年，外国某地遭遇了一次超强台风，华为的通信基站竟然一根未倒，都还好好地竖立在那里！基站作为通信天线的支撑体，占整体成本的 30%，因此，华为内部就展开讨论华为的基站在极端天气下没有倒塌到底是不是好事。当时会上有人分享了一个案例，摩托罗拉早期做 BP 机时，想做一款高端产品，在立项时选择一种超高质量的外壳材料，这个材料的耐用度最高可达 150 年。评审时大家都很兴奋，但突然有一个不和谐的声音冒出来："人的生命都没有 150 年，需要用一个 150 年的 BP 机吗？另外，BP 机是消费电子产品，产品生命周期很短，用户普遍 1 ～ 2 年就会更换，用这么好的材料，成本必然会转嫁给客户，我们是以技术为中心还是以客户为中心？"大家都沉默了，这件事后来不了了之。

后来，任正非偶然得知这个"华为基站遭遇超强台风不倒"的消息后，在一次产品评审投资委员会的会议上，对委员会只关注产品技术的导向提出批评，他指出："现在我们卖给全球的基站都是一样的，欧洲城市用、非洲地区也用、珠穆朗玛峰也用，即使我们反复和客户解释我们的产品好，但到非洲投标没有成本优势，客户说其他运营商的简易基站也能用，价格比你们低多了。我们这个标准适用全球，沙漠、城市、高山都是这一个标准，这不是浪费吗？"

华为人在内部达成共识：企业是一个营利性组织，企业的经营活动都应该导向商业成功，要实现成本和质量的均衡。华为不要纯科学家，而要工程商人。人在大自然面前是很渺小的，在超强台风面前，没有必要要求基站一定不倒，不要为了追求完美，把高成本转嫁给客户。

任正非说："华为公司从创办到现在，从来不追求完美，如果追求完美，我们就根本动不了。我们在推行各种政策时，只要大的环节想明白就推行，然后在推行过程中慢慢优化。华为企业文化的一个特征是，只要有新增长点就不能追求完美，追求完美就不可能有新增长点。一定要追求实事求是、可操作性、可运行性。"

对于这条原则，华为业务部门坚持如此，数字化转型、流程和管理变革同样坚持如此。

在管理变革和数字化转型方面，任正非有自己的基本逻辑：华为管理变革和数字化转型是温和式推进的，华为每年变革 5% 不规范的部分，另外 95% 是不动的，每年能进步 5%，就非常不错了。他曾经以"瓦萨"号作为反面案例和华为干部沟通，他说："变革的目的是作战。17 世纪瑞典'瓦萨'号战舰，这里装饰，那里雕刻，为了好看还加盖一层，结果出海，风一吹就沉没了。我们要接受'瓦萨'号战舰沉没的教训。在变革中，要避免画蛇添足、使流程烦琐化的变革。"

在流程体系的建设上，华为要求聚焦主干流程端到端打通，要先解决"通"的问题，不要从一开始就要求 100 分，而把流程设计得非常复杂，把大量精力消耗在局部问题上，结果贻误战机。任正非说："我们首先要解决肠梗阻的问题，把主干打通，使之能够通气。就像建高速公路，不要等什么都修好了再通车，先把高速公路的主路修好，修好了主路，车就能通行，在下高速时，高速出口的衔接部分来不及修怎么办？那就多派些人，用人拉肩扛的办法，把车抬下来。等主干通了，再逐步把衔接部打通，我们要通过抓主要矛盾和矛盾的主要方面的策略推进变革。"

"我们的 IT 也不能追求尽善尽美，尽善尽美是做不到的，反而会束缚我们。要适用、要简便，不然就是 IT 的悲剧。"任正非在 IT 系统的建设问题上同样反复告诫我们不要追求完美。

华为在数字化建设中提出，要尽可能选用国内外优秀的成熟商业软件，能买来就不要自己开发，通过引进具有先进管理思想的软件包，为业务变革和流程重整指明方向，帮助变革方案快速落地。但很多企业在引进软件包时，往往觉得这也不适合自己、那也不符合业务实际，每个组织、部门和员工都要求把自己的个性化需求加进来，一通改造，变成自己的独有版本，最后这个系统往往会成为"IT 的悲剧"——在软件包新版本升级时无法运行。所以，华为明确要求，在数字化应用实施中，要反幼稚，要以消化吸收为主，坚决反对对软件包进行大量的客户化开发修改。

综上所述，在华为管理变革、流程、数字化的工作中，"坚决反对完美主义"如同孙悟空头上的金箍，时时刻刻都在约束着我们的行动，提醒我们：**管理变革和数字化转型是长期的、无止境的任务，不是一锤子买卖，一定要抓住主要矛盾，关注及时、准确、低成本交付和可持续运营。**

华为管理变革和数字化转型的"七个反对"原则，除了"坚决反对完美主义"，还有另外六条，我们在此简要解读一下。

"七个反对"之二：坚决反对烦琐哲学

华为崇尚管理上的简单就是美。任正非提出，简化、有序的管理是实现超越的关键，要求不把简单问题复杂化、不把业务流程设计得很复杂、不把变革解决方案做得特别超前，强调适用。

在管理变革和数字化转型过程中，组织非常容易犯的错误是把实施方案做得特别复杂，导致用户体验差、流程执行效率低。所以在流程设计、应用平台建设中必须关注消除严重低效点，强调简化流程管控，强调前端应用的用户体验，强调管理上的扁平化。

任正非对此做了解读："把流程做得复杂得很，复杂的目的是显示自己的能力、消磨公司的生命。一将功成万骨枯。为了证明你能耐，不惜使公司的流程在烦琐中运行，我是不容忍的……华为公司做了一个弄不明白的所谓大管理，然后越来越复杂。未来每个变革都是对全流程的，看哪些地方可以形成管理节点、能在概念上融合起来。我们最终要做到账实相符，这样，公司内部管理就清晰化了，也简化了。"

"七个反对"之三：坚决反对盲目创新

华为既推崇英国企业的规范化管理，又认同美国企业的创新精神，但对二者做了融合。华为反对盲目的管理创新、制度创新，在管理体系上强调先僵化，先当学生，不能动不动就有"指点江山"的冲动。华为主张的变革是温和式变革，本质是改良而不是革命，要直接引进好的管理、流程、IT，坚持最小量的修改和开发，以后再慢慢拿出一小部分，允许探索和变革。

任正非对此做了解读："存在就是相对合理，千万不要在自认为最优的盲目优化下，乱推行变革。冲动和没有严格地认证、试验，会使破坏性的创新被纳入使用，造成体系运行的迟滞。我们在变革的过程中，要大力提倡改良，谨慎使用变革。我们要变革的量只有 5% 或者更少，95% 都应该是规范的、稳定的。我们在某个时期会强调这样，在另一个时期我们会强调那样，其实就是变革那 5%。如果我们说变革 100% 就会有发展，我认为没有可能性。打乱全局的互联、走向一种新的平衡是极其艰难的，而且在混乱中，效率是不会提高的。大刀阔斧变革，是痴人说梦。"

"七个反对"之四：坚决反对没有全局效益提升的局部优化

对于变革需求的把关是变革管理的核心之一。局部管理的创新是否合理要看它是否有利于改善全局的效益。在变革过程中，由于提出需求的人员层级太低或者全局观不强，其出发点可能只是部门或个人的局部利益，很可能影响上下游或者全局的管理，这些属于伪需求，需要我们在变革需求管理中加以警惕、识别和禁止。

任正非对此做了解读："我坚决反对没有全局效益提升的局部优化，这样的优化对最终产出没有做出贡献，我主张保持稳定，不要修改它，否则增加了改进的工作量和周边协调的工作量，这也是成本。改动的成本会抵消改进的效益。"

"七个反对"之五：坚决反对没有全局观的干部主导变革

全局观对于管理变革和数字化转型而言非常重要，企业在选拔参与变革和转型项目的成员，尤其是主导变革的干部时，必须以有丰富业务成功经验和良好绩效、具有自我批判和奉献精神、具有全局视野的干部为优先候选人。

变革是培养干部的摇篮，企业要利用好它，在变革中发现干部，提拔优秀变革干部。

任正非对此做了解读："没有全局观而主导变革的干部，是乱指挥的人，是没有实践经验的人，是在拿公司生命开玩笑。"

"七个反对"之六：坚决反对没有业务实践经验的人参加变革

显而易见，管理变革和数字化转型需要一批懂业务的干部和骨干员工参加，不懂业务的员工或新员工，无法承担这一艰巨的任务。

任正非对此做了解读："坚决反对没有业务实践经验的人参加变革。在自己所服务的业务中不懂得业务，怎么会有变革经验？一定要有实践经验。流程变革必须以有成功业务实践经验的干部为主，以流程专家为辅，聚焦主业务流，从业务一线展开……现在我们可能会有一个问题，那就是华为公司内部员工的变革亢奋症。因为这种亢奋症，什么都没有准备好，就推动飞机起飞了，我担心飞机到了天上就没油了。"

"七个反对"之七：坚决反对没有经过充分论证的流程进行试用

在变革过程中，企业最怕的是两个极端：变革拖延症和变革亢奋症。前者是抗拒变革，不敢或不想变革，这个容易识别；后者会使变革的速度太快，造成管理失控，企业的战车急速冲向深渊而全然不知。所以变革中一定要有灰度。变革的关键是让成果落地，而不是制造混乱。

任正非对此做了解读："坚决反对没有经过充分论证的流程进行试用。变革要在原理实际运用的基础上加以改良，切忌大刀阔斧。任何变革项目的立项，必须由需要这个流程的有关领导参与立项的评议与审批。在拟好变革的流程制度后，要得到使用部门的评议、表决，之后要各相关口的人员参加论证。只有在此基础上，流程才允许进行试用。变革任务的承担部门，是一个工具，不允许大权独揽，独断专行。"

华为管理变革"七个反对"原则，是华为在长期管理变革和数字化转型过程中不断自我批判、举一反三总结出的重要思想结晶，是对任正非"开放、妥协、灰度"管理哲学的最佳诠释，也是华为打造强大的变革力的纲领性指导原则。

企业在学习华为的管理变革和数字化转型经验时，如果能够对照自身实际情况，深入学习、领悟、分析华为的"七个反对"原则以及自身与华为的差距，笔者相信企业的变革执行力会大幅提升，对变革和转型成功定会大有裨益。2013 年，笔者在华为深圳坂田基地接待了一位特别的客户——湖南晟通铝业董事长李瑞师。他军人出身，其创办晟通铝业在行业内位居第二。他带领集团高管来华为交流时已经 60 多岁了，头发几乎全白了，但精神状态极佳，声音洪亮。那一天，笔者负责全程接待。当谈到华为管理变革"七个反对"原则时，他让笔者停一停。他说："你刚刚谈到的'七个反对'，我认为任总真是总结得太精辟了。你知道吗？我来华为之前就已经在对标实践了，已经让公司行政部打印装裱好，挂在我办公室座椅后面。每一位到我办公室汇报工作的管理者，一进门抬头就能看到这七条原则，就会想一想自己违反了哪一条，从而减少业务造假。"笔者当时听完格外振奋。在华为，任正非也是这样实践的，他经常在变革项目会议过程中冷不丁地询问某个业务主管，让他说出"七个反对"的第几个反对是什么，目的是让管理层记住、思考和理解"七个反对",提醒大家在管理变革和数字化转型中时刻反省自己,不要重复交学费。

　　华为是一家变革常态化运作的公司,但华为在管理变革中始终坚持从实用的目的出发,达到适用的目标,坚持在变革中不走极端。任正非经常在组织和流程上"做手术",但每次只动 5% 的器官,这就是华为管理变革中始终坚持的灰度的概念——始终以 3.5 分的标准(5 分制)来衡量改进,然后以一个又一个的胜利去实现战略目标。华为强调变革的目的就是多打粮食、提升一线作战能力、增加土壤肥力。变革只有不忘初心,学会宽容,保持开放,才能在正确的道路上走得更稳健、更长远。

做好企业架构治理的 5 个要素

说起企业架构，大家或多或少对其有一些了解，它是数字化建设和治理过程中提出的一个重要概念。

比如，我们想要建造一栋大楼，在开始施工之前，设计师会先设计出一整套的大楼设计蓝图、建设规则标准、组件和实施路线，形成大楼的设计框架，这就是大楼的架构。没有这样的架构，很难掌控这栋大楼的建设分工、生产质量和工程进度。如今，我们要通过数字化转型把企业改造成一栋数字化新大厦，同样需要这样的架构，这个架构就是企业架构。

企业架构，就是对企业整体的业务和数字化的建模。它是描述企业的一种系统性、结构化的方法。它分别从业务流、数据流、IT 应用系统和基础软硬件技术实现四个角度，用结构化的方法描述企业的业务及数字化集成关系。所以，企业架构也是由业务架构（通常聚焦在业务流程架构）、应用架构、数据架构和技术架构组成的，俗称"4A"（A 就是"架构"一词的英文 Architecture 的简称）。

在信息化发展的初期，基本上没有架构的概念，大多是零星的 IT 自动化。随着互联网、移动互联网技术的发展和数字化时代的到来，企业数字化的规模越来越大，IT 应用越来越多，逐步走向失控的尴尬境地，于是架构的理念逐渐进入人们的视野。

缺乏企业架构管理之痛

华为刚上甲骨文公司的应用系统时，没有架构的思维，在该系统中做了大量开发，尤其是开发了许多耗时很长的分析报表，如多维度历史成本分析、无约束条件的大表查询等。由于运行这些功能需耗费大量 CPU 资源，系统运行得非常慢，大量需要实时作业的流程反而因为抢不到系统资源不能得到及时处理，严重影响业务工作效率。后来我们才理解，从 IT 应用架构的角度来看，应用系统至少包括两个部分：处理实时要求比较高的交易型系统；处理大数据大运算、系统资源占用较大但实时要求不太高的分析型系统。如果将本应该在分析型系统实现的需求错放在交易型系统实现，就会导致系统性能大幅下降，以至于严重阻碍业务流程的正常运行。

这类华为经历过的问题，相信很多企业都遇到过或者正在经历。接下来，我们来看看缺乏架构管治、任由数字化应用野蛮生长的企业，到底会经历怎样的痛苦和不堪？

- 烟囱式建设。没有像样的公司级数字化规划，业务与 IT 缺乏有效沟通，数字化建设没有与流程端到端拉通，到处都是烟囱式应用。

- 应用系统无边界。应用系统缺乏边界管理，IT 系统的范围常常交叉重复，业务部门与 IT 部门经常为某些需求应不应该做、放在哪个 IT 系统而吵架；业务部门对自己领域有控制权的 IT 系统缺乏统一的需求管理规则，导致一些 IT 系统无限膨胀，变得非常繁复，运行时经常崩溃。

- 缺乏集成管理。系统缺乏集成管理，无法拉通相关流程；开发一个系统时，将大大小小的需求能往上加就往上加；购买一个软件系统，功能不够就自己定制开发，导致 IT 系统里犹如一张错综复杂的蜘蛛网，集成困难，系统中的问题层出不穷。

· 数据各自为政。各系统数据没有统一的定义、统一的源头和规范化的取用规则，相同的数据在各系统里"互不相识"，各系统可以自行对数据进行加工，导致数据质量出现严重问题。

· IT 缺乏标准。企业没有统一的 IT 标准，采用的 IT 产品、平台、工具和技术"七国八制"，无法集成。比如，华为当年数据库的种类就有四五种，不同产品使用不同的开发工具，市面上有的技术在内部几乎都有，等等，导致效率低、成本高、技术人员共用性差等一系列问题。

综上所述，缺乏企业架构管理，会让数字化转型进入非常尴尬的境地，因此华为在管理变革和数字化转型进程中非常重视企业架构管理。笔者回过头来看华为企业架构的发展历程，可以用三句话来形容：起源于 IT 战略规划，成长于流程变革，成熟于数据治理。

华为最早接触架构概念是在 1998 年 IT S&P 项目，之后华为在流程 IT 部门成立了 IT 架构与规划团队，彼时还是以 IT 架构（含应用架构、数据架构、技术架构）为主，通过规划制定 IT 架构蓝图和建设路径，通过 IT 标准化规范 IT 架构的实施落地。

随着管理变革和数字化转型的深入，我们认识到，业务与 IT 必须打通，中间需要一个纽带，把业务架构与 IT 架构融合起来，从 IT 架构过渡到企业架构。

华为在集成供应链服务（ISC）变革项目中，在顾问的指导下开始运用企业架构的方法对供应链变革过程进行总体管控，把供应链流程架构与应用架构、数据架构的联动作为关注重点。供应链业务对数字化的依赖程度非常高，所以，业务流程必须与数字化进行更深入的集成拉通，比如在供应链的应用架构上，我们通过采用"主干平台＋执行应用＋辅助工具"的应用分层构架方式，使 ERP、高级生产计划与调度系统、供应商集成平台、客户集成平台等主干应用保持统一、简洁，在执行层面以拉通共性业务平台化为先，构建以作业场景为中心的业务共享服务应用，与主干有效集成，变革落地后，大大改善了整体供应链的运营效率。

华为在集成财经服务（IFS）变革中，为了提升数据架构的治理能力，把数字化转型从流程驱动上升为数据驱动，在顾问的指导下引入企业信息管理（Enterpise Information Management，EIM）框架，完善了数据治理体系，统一了数据架构与数据标准，业务流程、IT 应用、数据之间的拉通集成与相互支撑关系得到了进一步加强，企业架构管治机制逐步成熟；同时，华为也成立了统一的企业架构管理组织，从组织上把业务架构与 IT 架构统一管控起来，企业架构得到持续运营和例行化管理。

企业架构的管理要点

虽然企业架构在数字化转型中的作用不容小觑，但有不少的 CIO 担心企业架构会不会过于复杂，只对少数大型企业管用？强化企业架构管控会不会影响效率？根据华为的实践，我们认为，数字化转型离不开企业架构，想好、做好企业架构的管理，并没有那么复杂，长期来说，它定会是事半功倍的工作。我们认为管理企业架构关键要抓住下面 5 个要点。

（1）树立架构思维，把架构作为打通业务与 IT、实现从战略到执行的重要抓手。

数字化转型必须有企业架构思维。企业架构正是为解决上述数字化野蛮生长问题而产生的系统性工具。它为企业提供了一个统一、整体的框架，以此管理业务与 IT 之间的关系，为"业务战略"到"数字化实施"构建起直接沟通的桥梁。业务架构以企业战略为目标，描述了企业满足客户的需求、进行市场竞争所需的内部价值创造过程以及内外部的合作模式；而 IT 架构（含应用架构、数据架构、技术架构）向上承接业务架构的改进目标，向下定义应用系统的边界和价值，以及数据与业务之间的逻辑关系等。**企业架构把业务、数据和 IT 系统之间的映射关系清晰地呈现出来，并通过标准规范和架构评审等管控手段，指导数字化项目实施。**

架构最初的作用是服务于数字化转型规划，因此也有人认为架构是规划的衍生品，和规划有着千丝万缕的关系。企业架构方法论也是规划方法论，用架构的思维，站在企业整体发展的层面进行数字化转型规划，不仅提高了规划的前瞻性、系统性和可实现性，也有助于推动业务流程在数字化应用层面的全面落地；同时，未来架构蓝图和演进路标是规划工作的主要输出，转型变革项目是业务战略的解码结果，也是实现企业架构未来蓝图的系统工程。

根据 IBM 公司的研究，IT 架构与业务架构是相互支持和相互促进的关系，单独对 IT 架构进行优化可以为企业带来 2% 的业务增长；单独对业务架构进行优化可以带来 8% 的业务增长；而业务架构和 IT 架构相结合实现的整体优化，则可以带来 20% 以上的业务增长，从中可见融合的力量。

（2）立足标准化建设，化繁为简，把标准化作为架构管理的起点。

架构是由一个个组件组成的，真正起作用的是定义、规范这些组件，使其相互作用、相互支撑并形成有力量的整体。

华为在引入架构管理的理念后，首先启动 IT 标准化工作，制定了应用、数据、技术等架构组件所需的一系列标准规范，包括技术标准、开发规范、数据标准、集成接口标准、安全标准、设备选型标准等。标准推行后，华为彻底扭转了以前内部在 IT 产品和技术选择上的"七国八制"的局面，比如上面提到的数据库软件从 4 ~ 5 种变成一主一备，大大简化了数字化环境，有效地改善了流程与应用的集成性，实现了架构的有效管控，大大提升了数字化实施的效率，降低了成本。数据和指标体系标准化建设，明确了数据可信源，统一了数据定义，减少了组织之间的推诿和冲突，提升了数据架构管治水平。

对数字化建设来说，为企业架构组件设立标准、集成服务统一接口是基础性工作，也是关键性工作，需要从一开始就予以足够重视，否则随着时间的推移，架构集成问题会相当麻烦，可能造成系统被迫重复建设，甚至严重影响数字化转型的成效。

举个例子，有一家企业选择了一家知名软件公司的云化 HR 应用（俗称 SaaS 应用），上线后发现员工的数据信息无法被很方便地复制到公司数据管理平台进行数据分析，并且存在数据安全问题，反复沟通无果后，企业领导者不得不做出决策更换该应用，并对数字化部门主管说，今后公司一律不用 SaaS 应用！这是一棒子打死了 SaaS，SaaS 表示很冤枉。其实如果把 SaaS 应用作为一个架构组件，数字化部门应该尽快制定 Saas 应用及数据安全的标准规范，比如什么样的业务可以上 SaaS 应用，应用云化后，云上数据的访问、管理、安全、备份等应该满足什么要求等，这样就可以较好地避免犯上述错误，不但可以减少浪费，而且可以更好地引进新的数字化技术及产品，使之为业务服务。案例中这家企业要想扭转领导者对 Saas 软件已经形成的看法，后续不知道还要付出多少努力。

（3）管好集成，是实现架构规划目标的主要切入口。

在架构管控中最能发挥价值的地方之一，就是集成。根据架构管治原则，在变革与转型的过程中，**集成原则是最核心的原则**，要把流程集成、应用集成、数据集成、业务场景集成作为架构落地的主要切入口，建立集成管理机制、统一做好集成服务。

事实上，随着数字化转型的推进，企业面临的问题往往不是 IT 系统太少，而是 IT 系统太多、太分散，并且无序地交织在一起。集成难是企业数字化的最大痛点，比如各系统的边界、平台技术、设计标准、接口方式、数据定义、账号密码方式等，都存在很大差异，所以，必须用整合、标准化、集成的手段，全方位规范数字化建设和项目设计。

加强集成管理是最能快速见效的手段。在不少企业，尤其是集团企业，IT 分散在各个业务组织中，在这种分散 IT 能力的企业场景下，企业必须把架构规划和标准作为集中管控的重头来抓，才能确保架构的整体集成效率和效果。企业要建立明确的集成规则和流程，建立集中的集成共享平台，提供统一的集成服务。

企业应当尽早建立最基础的集成服务，例如统一身份认证和集中账户管理服务，在全企业所有涉及权限认证的数字化平台实现一号通行；建立公共集成服务平台，对所有集成需求、集成规则进行统一管理，实现可控、可维护的集成服务等。

（4）建立企业架构专家委员会和架构评审机制，是架构一致性遵从的组织保障。

架构一致性遵从，是企业在数字化转型过程中必须坚守的核心架构管治原则。

架构管理的关键在于平衡技术先进性与架构稳定性的关系，平衡统一与个性化之间的关系，平衡局部需求与整体集成的关系，平衡短期收益与长期价值之间的关系。

在面向未来数字化纵深发展的背景下，架构一致性遵从和架构冲突的管理至关重要。建立架构专家委员会（Enterprise Architecture Council，EAC），是确保架构得到一致性遵从和良好管理的关键策略。

EAC 是技术与专业的决策和管理机构，可以促进团队间充分发挥架构的牵引性和影响力，承担数字化转型"总设计师"的角色。EAC 的主要职责是推动公司级架构建设和例行刷新，对公司级 4 个架构之间的集成负责，对公司级架构进行评审，对各业务领域架构和业务视图、业务流程图进行评审等。其中，架构评审要确保架构的规则得到遵从、架构集成性得到保障，同时，未来架构不是一步到位的，所以 EAC 也要在理想与现实中寻找平衡，找到适合的过渡方案。架构评审与业务决策既相互制衡又相互支撑，架构评审是业务转型决策的最重要输入之一，如果业务决策与架构评审结论不一致，双方应该坐下来认真讨论如何弥补双方的差距，并交由变革需求指导委员会进行最终的裁决。

EAC 可根据企业的具体情况和现实需要，向下设立下层组织，比如流程专家组、数据专家组、技术专家组等，授权他们进行相应架构方案和技术选型的评审工作。

有些企业由于专家资源的缺失，EAC 难以成立或者难以有效运作，对此，可以适当借助外部专家顾问的力量加以解决，那些对行业数字化实践、数字化技术、数字化平台具有丰富经验的专家能够给企业带来新的思维和方法。华为最初在一些领域，也引进了不少架构专家顾问，如信息安全、流程、数据等领域的专家顾问，这些专家顾问把华为的"种子"培养了起来，EAC 就顺其自然地运作起来了。

（5）制定架构建设原则和标准，明确数字化建设的边界和约束要求。

架构要随着战略、业务和技术的变化而变化，所以需要对架构进行版本化管理，版本化方法是架构"统一规划、分步实施"的有效途径。

为保证业务流程和数字化建设的有序进行，保证架构的迭代优化，企业要建立清晰的架构管理原则，并在公司层面达成共识，以此指导、规范、约束架构规划与设计，确保架构符合企业发展的方向。

流程架构应遵循以下原则。

原则 1：战略驱动

流程架构要及时体现公司战略，适应公司战略和商业模式的调整，支撑公司战略目标的实现。

原则 2：反映业务本质

业务流是天然存在的，流程是业务流的结构性表达，流程架构要以业务本质为根基，清晰表达业务，做到全覆盖、无遗漏。基于业务流的完整性，流程架构可以存在同名流程，但要对它们进行符合业务流的清晰描述。

原则 3：有利于集成和专业化分工

业务要集成运作，流程架构首先要有利于端到端集成运作，同时也要有利于平台化和专业能力的提升。

原则 4：有利于落实流程责任

流程架构设计要能清晰确定流程责任人，使各级流程责任人负责相应流程的管理和绩效。

原则 5：有利于流程分层建设

流程架构的分层设计要有效指导流程建设。流程架构从上层向下层分解时以协作工作量最少的方案为优，既可按过程，也可以按场景、对象或其他标准分解。

原则 6：有利于 IT 集成和数据贯通

为实现流程集成的目标，流程架构的设计要有效指导信息架构、应用架构的设计。

原则 7：稳定和持续改进

流程架构是业务本质的抽象，不能功能部门化。新业务不稳定时，可以先进行业务孵化。流程架构按版本进行持续管理，企业要基于统一的发布流程进行版本发布。

原则 8：本地化架构视图

各业务单元可以根据业务需要，在公司流程架构的基础上进行符合规则的裁剪，构建所辖范围内的流程架构视图。

综上所述，企业运用架构思维，在业务变革和数字化转型过程中实现业务与 IT 充分协同的关键手段。企业缺乏有效的企业架构管理，会让数字化转型进入非常尴尬的境地，因此，华为在管理变革和数字化转型进程中非常重视企业架构管理。根据华为管理架构的实践，建议读者抓住以下 5 个要点，使架构工作化繁为简。

- 广泛推广架构思维，把架构作为打通业务与 IT、实现从战略到执行的重要抓手；

- 强调标准化，让架构管理从小处着眼，快速见效；

- 管好集成，就实现了架构管控的一大半工作；

- 建立企业架构专家委员会和架构评审机制，把架构遵从问题摆在桌面上讨论，以达成妥协和共识；

- 制定架构建设约束原则，给架构以建设纲领，在公司层面达成共识，纲举目张。

万丈高楼平地起，一砖一瓦皆根基。通过数字化转型把企业改造成一栋数字化新大厦后，企业领导者就需要具备企业架构思维，期待华为的实践经验能够给读者启发和借鉴。

慢即是快：任正非的数字化转型艺术

打高尔夫的朋友应该知道，高尔夫球场上，大家经常看到的一个奇怪现象：由于急于看到结果，许多人迫不及待地挥杆把球打出去，然后又后悔自己没准备好就打、动作不到位，结果总是打不好。其实，大家在击球时有充分的时间准备摆好稳定的姿势，有节奏地完成完美的挥杆动作。所以高尔夫运动与许多其他运动最不一样的地方就是，大部分运动是"唯快不破"，但打高尔夫球时，几乎所有环节都需要"有节奏的慢"，它遵循的哲学是"慢即是快"！

很多企业家或企业管理者，在数字化转型中经常犯这样的错误，总是希望"快、快、快"，恨不得一招"降龙十八掌"，立马见分晓。而在数字化转型过程中，慢是一种快，稳中求进，笑到最后的才是胜利者；快是一种慢，急于求成，往往事倍功半。重要的事情要慢点做，以达到最好的效果。

任正非在对数字化转型的要求、在重大管理变革上，始终保持十分可贵的耐心，推崇"慢即是快"的管理哲学。他多次强调他不是一个激进主义者，而是一个改良主义者，主张不断地管理进步，反复"烙烧饼"。在华为30余年的发展过程中，变革都是在不断改良中前进的。

他经常拿中国历史上商鞅、王安石等人变革失败的例子告诫管理者，这些变革的失败都是因为操之过急，变革面太宽，变革条例过"刚"以致僵化。

任正非认为，变革就是要抓主要矛盾和矛盾的主要方面，要耐得住性子，要谋定而后动，采用"急用先行"原则，切忌"贪天之功、据为己有"的冲动。在与流程 IT 部门座谈时，他强调，管理变革和数字化转型也要聚焦，减少变革项目的数量，IT 不能遍地开花。

华为始终把流程变革的落地作为最重要的目标，不会急于求成，草草了事。任何一次变革，关键不在于开工，不在于研讨、设计与推行，而在于项目能否落地，能否真正起到切实的作用。

在从线索到回款营销变革进度汇报会上，任正非是这样说的："变革不是一下子就见实效的，收益不是很快就能体现的，关键是要打通！变革哪里能一下子就见实效呢？所以别急躁，变革要扎扎实实，推进不能急躁。变革节奏我不会逼你们，宽度、深度、进度由你们自己决定。"

任正非的这个说法可以由当年的客户订单打通项目作为印证。当时在会上，集成财经服务变革项目组汇报时提到，现在流程上最为关键的一个问题就是客户采购订单项目仍未打通。任正非问流程 IT 部门："你们觉得需要多少时间才能打通？"这个问题其实在内部讨论过，所以流程 IT 部门回答："一年左右。"他说："现在是 7 月中旬，是不是明年 7 月底就可以打通？"流程 IT 部门回答："是。"于是，流程 IT 部门就把客户采购订单打通项目的上线时间确定在第二年 7 月底。

与此同时，我们也要理解变革中的很多工作是先后关联的，前面的没通，后面的怎么着急都没用。以华为实践为例，华为变革的动力更多来自业务自身。华为在变革中的试点和优先推行的选择标准就是基于自愿，业务不急，流程 IT 急有什么用？华为强调的是业务问责机制，"我们贯彻流程责任制，出了问题要问责，要让大家有威慑感"。

流程责任制除了要问责，还要对流程缓慢和效率负责。流程责任人要及时、准确地提供服务和支持，追求"多打粮食"。流程有漏洞，产生制度性的效率低下，流程责任人明哲保身、不主动推动流程效率和效益持续提升的，就应该问责流程主管和业务管理团队，说明他们能力不行，然后换人去做。

所以，虽然任正非强调没有逼他们变革，但流程主管在业务流程变革和转型中面临不进则退的压力，必须加倍努力才能在公司的变革中不掉队。因此，管理变革和数字化转型应该是各级主管投入更大的精力去关注的事，而不仅是公司对他们的要求。

但是，任正非不是一味地"慢"，在一些事虽小但影响比较大的需求上，他对数字化部门的要求从来不含糊。比如，当年海外员工面临报销难的问题，员工的报销凭证必须寄回财务部门审核后才能报销，报销周期非常长，一线对此意见很大。任正非从一线回来，要求尽快解决这个问题，数字化部门提出单证扫描传递的方案，他问要多久才能上线，数字化部门说一个月，他说，不行，你们两个星期（中间还有 7 天国庆假期）必须解决。

他知道两个星期不可能拿出一个很完美的解决方案，但一个能解决大部分问题的不完美解决方案，总好过没有方案。后来，数字化部门真的按时上线了解决方案，在解决了一线的燃眉之急后，开始更加从容地优化这个单证自动传递的完整方案，后来把改进后的方案被纳入华为的差旅自助报销流程和系统中。

　　这就是任正非推动数字化转型的艺术！时而用"慢即快"的哲学，时而用"快即慢"的哲学。在任正非看来，只要管理者在思想上不堕怠，持续不断地进行改良和优化；在策略上坚持统一规划，分步实施，关注落地见效，就可以用乌龟的精神，追上龙飞船。

下篇

华为数字化转型之术：
三个驱动

第4章

流程驱动数字化转型

[本章精彩观点] | 数字化转型的建设应该从哪里入手？抛开纷繁复杂的数字化转型概念，回归企业经营的本质，我们认为，数字化转型必须从**端到端的流程化变革和企业业务在线**开始。

- 流程驱动数字化转型的本质是以客户为中心的端到端业务管理体系变革，是以终为始的流程数字化建设。其目标只有两个：一是多打粮食；二是增加土壤肥力。

- 流程驱动数字化转型的三个关键词是聚焦业务、端到端全局视角、与变革紧密结合。

- "要想富，先修路"，适度超前的 IT 基础设施建设，是数字化转型顺利开展的重要基础保障。

- 流程驱动要抓主要矛盾和矛盾的主要方面，优先从主航道的主干流程开始，端到端打通主干流程，坚持"主干简洁、末端灵活"的建设思路。

• "削足适履"是斩断变革摇摆主义者的利器，变革要坚持"先僵化、后优化、再固化"的变革思想。

• 以数字化使能业务变革，要选择承载优秀管理实践的软件包，聚焦主干应用平台建设，尽量原汁原味地使用标准化软件包，先易后难地推行。在 IT 建设系统的推行上要有足够的耐心和定力，只有这样才能取得成功。

• 流程驱动数字化转型成功的关键是建立完善的流程管理长效机制，建立流程的责任体系，推行闭环的流程管理和运营制度，实行产品化、版本化的流程和 IT 应用管理。

流程驱动：以终为始，端到端流程打通

"公司要真真实实走向科学管理，需要很长时间，我们需要扎扎实实地建设好一个大平台。你们是否听过，2002 年华为快崩溃时，我们的主题还是抓管理，外界都嘲笑我们。现在社会大辩论，也说华为在这个时代必死无疑，因为华为没有创新了，华为的危险就是抓管理。但我认为，无论经济可以发展得多么好，如果没有管理，豆腐渣是要垮掉的……

"管理就像长江一样，我们修好堤坝，让水在里面自由地流动，管它晚上流，白天流。晚上我睡觉，但水还在自动流。水流到海里，蒸发成气，雪落在喜马拉雅山上，又化成水，流到长江里，长江又流到海里，海水又蒸发。这样循环搞多了，它就忘了一个还在岸上喊'逝者如斯夫'的人，一个'圣者'。它忘了这个'圣者'，只管自己流。这个'圣者'是谁？就是企业家。"

——任正非

通过上一章的分析，我们对数字化转型的大方向有了初步的了解，对转型之"道"有了清晰的概念，但大家对数字化转型在战术上应该如何展开，仍然有许多的困惑。业界也是众说纷纭，莫衷一是。有人认为，要关注新技术运用，如物联网、区块链等；有人认为，以前信息化才围绕流程转，现在不应该由流程驱动而应该直接跳到由数据驱动；当然也有人认为，应该先进行信息化，再谈数字化等。

我们认为，许多观点从表面上看，有其符合逻辑和合理之处，但如果将其放入企业现实，恐怕就会有问题。避免这些概念陷阱的关键还是回归数字化转型的初心。

我们在第 1 章"战略力"中分享了一个重要观点：**数字化转型的本质是业务转型，是企业价值链的重塑，是基于数字化的管理体系变革。**

华为的实践表明：企业管理的目标，就是流程化的组织建设，就是通过变革把功能性组织转化为流程性组织，并利用数字化支持这个组织持续运作。

为了实现以上目标，我们认为，数字化转型和管理变革最优先的任务有两个：流程重构（业务流程化）和业务在线（流程数字化），把企业"搬"到线上。而这个"搬"，不是简单的复制，而是从业务需求出发，融合流程和 IT 的最佳实践，再造业务流程、优化组织、建设 IT，这一过程也被归纳为"流程驱动数字化转型"。

谈到流程，此处先介绍个小案例。笔者居住的小区有一条贯穿东西的人造湿地景观，上游是小溪，小溪中的水慢慢流入种了小树和花草的湿地，再汇入小区中心的大池塘。由于建造得比较早，水循环不好，加上湿地较深，淤泥容易积聚，维护困难，慢慢地，湿地杂草丛生，变成一个蛇出没和蚊虫滋生的地方；池塘不易清洁，时间一长便成了臭水池，由此招来小区住户的反复投诉。管理处不停地消杀，安排工人除草清洁，但收效甚微。于是，管理处下决心重整该景观，改造水道，安装自动水循环系统，用智能花灯装扮水道两边，把湿地改造成容易打理的小花海，增加观景小道，加高中心大池塘底部，安装了一个小喷泉。经过这样的梳理改造，原来的脏乱差现象得到解决，管理也比以前简单得多，得到住户的一致好评，小区的景观格局和宜居舒适度也得到了很大的提升。

这就如同企业的业务流程，局部的优化往往不能满足客户需求和市场变化，需要我们重新对业务进行全面梳理，运用新的技术改造业务流，为客户带来全新的商业价值，提升赢得客户和留住客户的能力。

流程化的主要作用有以下 4 点：更简单标准的管理、更准确及时的交付、更有效益的增长、更少的内部腐败。而数字化具有固化流程、减少人工、简化管理等作用。没有数字化的流程驱动也能打胜仗，但依赖于执行流程的主管和员工自觉担责，其效率会低一点；有了数字化之后，企业可以用数字技术驱动流程变革，使其常态化，推动公司走向无为而治。

先来看看华为几个不太成功的流程化案例。

笔者记得在 1997 年时，华为管理工程部下面有一个流程与绩效管理的部门，当时招了 20 多名拥有 MBA 学历的人才，组成绩效推行工作组，在全公司大规模地组织制定和推行各级组织的关键绩效指标（Key Performance Indicator，KPI）。

很快，这一做法被任正非叫停。因为，从研发到制造再到财务等，各个部门制定了一大堆指标，其中相当一部分是部门计划完成率等内部过程指标、短期指标，强调各自部门的可控性和权责关系，简单来讲，就是各人自扫门前雪的做法。任正非指出，推行的结果一定是"肠梗阻"，因为大家只看到眼前利益，不是"端到端"，而是"段到段"，一定会走到局部优秀但全局灾难的困局！

再举一个案例，华为在通过变革推动流程化建设和数字化转型之前，其实已经做过大型的信息化工程，即甲骨文公司的 MRP Ⅱ 软件包实施项目。其涵盖产品物料清单（Bill of Material，BOM）、计划、订单、制造、库存、财务等 20 多个业务模块。然而，由于没有业务变革和流程端到端的思想与方法指导，当时实施这套系统的逻辑是基本上照搬手工业务运作模式。举个例子，当时库存管理并没有在流程上与计划、订单任务连通，而是生产人员根据生产任务到库房手工填单领料。上系统后，按管理系统的业务流程逻辑，制造订单任务令下达后无须再填单，任务令的领料单直接流到库存模块发料。但让顾问错愕的是，上了系统之后，华为还是采用原先的库存管理方式，把本来集成的业务流程人为地掐断，仍然采用重新填写类型为任务令的出库单方式，各种线下管理审批完成后，再手动录入系统，进行出库。这就是为了走流程而走流程。打个不太恰当的比方，为了上班更便捷，一个人新买了一辆自行车代替走路，结果每天肩扛自行车去上班。库存模块如此，计划模块更是如此。在没有拉通组织、拉通市场销售预测和计划、拉通产能的情况下，做出来的计划准确性当然是非常之低，所以实施完成后，流程效率没有得到多大提升，最为关键的是业务根本没有拉通，从总体上看达不到预期的业务价值。

在华为这些走了弯路的流程化案例中，我们看到至少存在以下 3 个问题。

问题 1：流程功能部门化。

功能化流程建设最容易误导大家的是，没有人关注流程"端到端"的打通，只关注功能部门内部的"通"；从部门层面去看流程，功能化流程建设效率挺高，但从公司整体层面去看整个流程时，却发现都是"九龙治水"，各自为政，导致流程断点多、管控多、协作难，流程管理也是各管一段，效率低，全局质量差，整体运作成本高。

问题 2：流程导向管控，而不是导向价值创造。

功能化流程建设还有一个致命的影响：不是对准以客户为中心的价值创造，而是为了部门局部利益把过多的管控要求叠加到流程之中，导致流程控制点太多，流程太长，效率太低，流程从价值创造工具沦为管控工具。

问题 3：为建流程而建流程，为上系统而上系统，没有变革思维。

企业没有以变革的思维来做流程化、数字化，业务流的拉通不够、配套流程的组织也没有调整、IT 照搬旧的业务模式、缺乏有效推行；另外，流程模块化不足，不能根据业务场景进行灵活适配，导致主干不清晰、不简洁，末端僵化，一线感受到强烈的教条主义，可操作性差。

从笔者了解过的一些企业实践来看，不少企业按照传统的信息化实施方法进行流程建设，与上述总结的问题差不多，都没有充分利用数字化技术重构业务模式和简化流程，管理层级没有缩减，决策没有前移或自动化，流程效率仍然较为低下。

所以，在流程驱动的数字化转型阶段，不管是否做过信息化，我们都需要在主要的业务流程领域，重新启动基于数字化的管理流程变革，因为端到端的流程化、标准化、数字化才是建立现代企业管理体系的基础。比如在供应链领域，华为在流程驱动阶段就启动了集成供应链服务（ISC）转型变革，对供应链领域计划、订单、采购、制造、物流 5 大流程进行拉通重塑，打破功能部门的阻断，端到端地重新设计流程、优化业务管理体系，重新升级上线 ERP 系统等。

我们从上面的例子以及华为多年来的实践经验，总结出流程驱动数字化转型的 3 个主要特征：聚焦业务、强调端到端全局视角、与变革紧密结合。下面展开论述。

聚焦业务

流程驱动的数字化转型，本质是以业务为主导的管理变革，因此，必须把目标对准业务价值实现。

转型变革项目团队是业务与 IT 组成一体化的项目组织，这些项目的业务资源投入要远远超过传统 IT 项目，尤其是业务各级管理者全程、深入地参与，他们是确保聚焦业务的真实需求、确保转型变革项目成功的关键。

流程驱动的数字化转型项目不仅要解决短期的业务痛点，也要把视野扩展到面向未来业务发展和市场竞争的潜在需求上。以前的信息化项目倾向于让 IT 系统适应业务；而转型变革项目的方法是让业务摒弃孤芳自赏的经验主义，聚焦业务目标，对标行业优秀实践，借鉴数字化的成功经验，主动改变管理模式和业务流程，用 IT 支撑流程变革和管理的改进。这是两种完全不同的做事逻辑。

强调端到端全局视角

流程驱动数字化转型始终强调以终为始，实现"以客户为中心"的流程数字化建设。流程驱动要对准客户，坚持"从客户中来，到客户中去"的整体最优，强调以业务的一线需求为起点，从一线往回梳理，业务的改进必须有明确的客户价值和业务收益。流程梳理需要打破功能组织边界，从业务整体的价值链的角度出发，基于整体的业务流程来审视数字化支撑的问题并加以改进。

在华为，流程驱动数字化转型主要聚焦在拉通主业务流，沿着主航道进行端到端的流程化和数字化。打通价值链上的流程断点、系统断点、数据断点，从关注局部利益到关注整体利益和价值创造能力，主干流程的数字化效果必须从端到端业务收益的角度来评估。

与变革紧密结合

早在 2001 年，任正非就在那篇著名的文章《北国之春》中指出："推行IT 的障碍，主要来自公司内部，来自高中级干部因流程化管理而丧失权力的失落。我们是否正确认识了公司的生死存亡必须来自管理体系的进步？这种进步就是快速、正确、端对端、点对点，去除许多中间环节。"任正非透彻地指出流程驱动数字化转型的关键：只有通过加强变革，有效消除障碍，打破经验主义，树立流程化意识，才能保障数字化转型的成功。

综上所述，流程驱动数字化转型的本质是以客户为中心的端到端业务管理体系变革，是以终为始的流程数字化建设。其目标只有两个：一是多打粮食，使流程更短、更快，促进业务有效增长；二是增加土壤肥力，提升基础平台服务能力，使企业运行更为敏捷。

尽管业界偶尔会出现"谈流程过时了""谈流程不够酷"之类的声音，但我们笃信：流程驱动数字化转型阶段，是企业数字化转型的必经之路。

要想富，先修路：华为打造企业数据中心的启示

在华为东莞松山湖溪村园区建成之前，到华为深圳坂田总部参访过的领导和各界人士，大多参观过位于华为深圳坂田 C 区的企业级数据中心（简称"华为基地 EDC"）。

当大家从华为基地 EDC 一楼的参观走廊缓慢走过，隔着玻璃墙看到机房里那一排排整整齐齐的黑色机柜，看到机柜里的服务器、存储设备、网络设备等各种 IT 设备交替闪烁的信号灯时；

当大家在华为基地 EDC 二楼的指挥中心，通过单向透视玻璃，俯瞰一楼超大屏幕上从全球数字化业务系统及 IT 设备实时汇集的运行数据时；

当大家在华为基地 EDC 二楼的作战会议室听到讲解员的讲解，这里作为华为数字化指挥体系的全球大脑中心，拥有由十余万台设备组成的全球最强大全连接网络，拥有由数千个数据库（DB）、数万个操作系统（OS）和上千个 IT 应用组成的数字化服务后台，支撑全球超过 180 个国家及地区每年 100 多万笔业务订单交易时（2016 年数据）；

身临其境的人们一定会感受到强烈的震撼力。

有参访企业的领导由衷感慨："我们在这里真真切切地感受到华为的心跳和活力！"也有人感叹不易："华为人在全球连接客户，而这里（数据中心），

连接了全球华为人！"

华为基地 EDC，是华为公司第一个企业级数据中心。1998 年开工，2001 年建成，到 2016 年，华为基地 EDC 正式搬迁到东莞，该企业数据中心用 16 年的时间默默地支撑了华为从国际化走向全球化，为华为的快速发展和数字化转型立下了不可磨灭的功劳。在这里，笔者讲几个与它有关的小故事。

互联网是一个挺有意思的平台，网民可以在各类平台上发表自己的观点，但也导致很多信息传着传着大家就搞不清原本面貌是怎样的。不知何时，网上传开了一类帖子，标题大概是这样的：

《年薪千万华为副总裁的离职信，震撼所有职场人》

《从应届生到千万年薪，华为副总裁徐家骏离任感悟》

《华为副总裁年薪千万元，离职后的 12 点感悟》

《华为离职副总裁给任正非的一封信》

……

许多人问过笔者这类帖子的真假。笔者只能说，徐家骏从华为离职时，的确写过一篇名为"华为十年"的帖子，分享给华为同事们（华为内部把老员工离职留下的感悟帖子称为"华为惯例贴"），但这个帖子传到互联网上之后，衍生出很多个版本，很多经过了演绎加工，于是就有了前面看到的各种"标题党"文章。虽然说千万年薪是夸张了点，但有一个信息是千真万确的：徐家骏是华为数据中心的主管，超级技术专家，这也是笔者在这里提到这个故事的原因。

徐家骏 1997 年加入华为，2007 年离开华为，在华为工作的十年间，主要负责数据中心管理。在华为基地 EDC 建成之前，他负责管理华为唯一一个不到 200 平方米的机房——深圳科技园机房。记得有一次，深圳科技园机房半夜突然失火，自动喷水系统把火浇熄，大家都以为运行业务核心系统（那时还叫 MRPII）的服务器肯定"完蛋"了。徐家骏与相关人员仔细检查后发现服务器居然没有受损，基本可以正常启用。这次虽然侥幸逃过一劫，但徐家骏常常想起此事就后怕。认识到问题的严重性后，他每次见到当时的管理工程部总裁郭平，就反复说要扩设备、要做备份、要搞机房容灾、要做业务连续性管理（Business Continuity Management，BCM）等，以致郭平几次开玩笑说，徐家骏总在"威胁"他。

这是华为数字化转型之前的状况。

古人云："兵马未动，粮草先行。"流程驱动数字化转型的粮草之一，就是企业级数据中心。

华为早期启动数字化转型时，数据中心是最重要的基础设施。现在来看，随着云计算和云服务的快速发展，越来越多的企业在开展数字化转型时，可以采用外部的云服务来代替自建数据中心，租赁公有云数据中心或者租用互联网数据中心（Internet Data Center，IDC）服务。但不管是自建数据中心还是采用云计算服务，它们在基础能力规划建设和设计管理理念上，是相通的。

为了满足业务全球化的需要，也为今后业务变革与数字化转型做准备，从 1998 年开始，华为开始建设华为基地 EDC。华为请了 IBM 数据中心建设专家来做咨询指导，整个华为基地 EDC 按业界公认的最高数据中心标准（Tier IV）进行规划设计，历时 3 年，在 2001 年正式建成（这也是传统数据中心建设经常被诟病的地方：周期长，后来华为采用集装箱数据中心方案，建设周期就只有 3 个月）。无论是设计理念还是设计规模，华为基地 EDC 在国内乃至全球的企业级数据中心中都是相当超前的，也正因为华为高标准地建设企业级数据中心，后来在全球范围内开展管理变革与数字化转型项目时，华为才没有后顾之忧，一年接一年地持续管理变革、一个接一个地通过 IT 系统承接变革成果的落地。

笔者讲一个华为基地 EDC 设计规模超前的插曲，让大家感受一下华为做事的风格，感受任正非说的那句豪言壮语："要抓住了战略机会，花多少钱都是胜利；抓不住战略机会，不花钱也是死亡。节约是节约不出华为公司的。"当时公司审批了一栋单独的大楼来做数据中心，总面积有 2 万多平方米。华为基地 EDC 建成后，除了配套、办公等空间，机房面积有 4000 平方米（上下两层各 2000 平方米）。原机房设备及当时正在做的集成产品开发（IPD）等变革项目规划中的设备需求，加在一起充其量也只能用 300 平方米，感觉怎么也用不到这么大的机房。面对这么大规模的机房，大家都有点心急。为了节约成本，提高空间利用率，几个主管合计，设计了一个把二楼机房隔成一个个小型可出租的 IDC 房间的方案。主管们把方案提交给任正非后，原以为会得到表扬，结果反而被他批评了一通，现场否决了这一方案，他说："这些机房资源，公司以后用得着，你们不要瞎搞，不要自以为是在为公司着想，其实是在浪费公司资源。"

华为企业数据中心的建设，正值公司从战略上明确要进行管理变革和数字化转型的起步阶段。华为秉承的一个基本逻辑就是"要想富，先修路"。在基础设施和基础平台的建设上，坚持适当超前的设计理念；在 IT 基础设施的建设上，公司要求必须以一线需求为导向，以前瞻性地规划和建设支撑能力，要有长远的眼光。

这个原则，除了体现在数据中心等计算能力建设上，还体现在高速网络建设、IT 运营服务等基础平台能力建设上。我们若干年之后才真正明白任正非的多项前瞻性考量。举个例子，有一次他把我们找过去聊数据中心的建设思路，他重重地拍了几下坐在他旁边的数据中心负责人徐家骏的肩膀说："你们要以业务为导向，优先满足业务建设的需求，不要怕浪费几台服务器，不要只想着自己所管的地方最优。"任正非当时就提出，在 IT 建设上，硬件设施最好一步到位，要易于扩容。基于这一理念，华为具备了世界上最优质的企业 IT 基础设施建设能力。

后来事实证明，我们当时的确"太年轻了"，对公司业务的发展以及数字化转型的 IT 资源所需预估严重不足，这些机房空间不到两三年就全部利用上了。事实上，后来华为机房面积远超 1 万平方米，例如研发业务上云需要使用大量的云数据中心、全球两地三中心灾备建设等，这些都是后话了。

从华为建设第一个企业级数据中心的经验中，我们可以得到以下 3 点启示。

第一，秉承"要想富，先修路"的数字化转型战略实施理念，在与之配套的基础设施能力建设方面，坚持"适度超前"的原则。要充分考虑业务数字化对 IT 基础设施的需求，提前做好充分、前瞻性规划和结构化架构设计。需要注意的是，数字化转型的 IT 基础设施，不仅是前文举例的企业级数据中心，还包括网络、云计算、个人 IT 设备、办公协同、IT 运维工具等。

第二，数字化组织要坚持以一线客户需求为导向，开放思想，与时俱进，摒弃保守思维，站在公司数字化转型整体战略的角度思考业务未来的需求，不要太在意一时一刻、一城一池的 IT 内部成本绩效，保障数字化转型目标的实现、促进企业业务高速增长、提升企业整体效率才是终极目标。用任正非经常说的那句话表示就是"一切为了作战，一切为了服务业务，一切为了胜利"。

第三，CIO 要突破传统 IT 组织以基础设施建设和维护为主的组织定位，尽量简化平台建设周期，减少升级频率，把更多的精力放在更易增值的、更能增强核心竞争力的、更贴近业务变革的数字化转型上，勇于从边缘走到中心，把数字化组织发展为企业数字化转型的中流砥柱。

流程驱动的着力点：打通主航道

前文讨论了流程驱动数字化转型阶段是企业数字化转型的必经之路，也让读者对流程驱动数字化转型的本质有了初步的了解，即流程驱动数字化转型是以客户为中心的端到端业务管理体系变革，是以终为始的流程数字化建设。

如何有效、有序地建设公司管理体系，是华为管理层一直思考的主要问题。

从企业发展的规律来看，绝大部分企业在规模较小时，基本上依靠"英雄"创造历史，华为也不例外。但当企业慢慢做大，从 0 到 1，再从 1 到 N 时，为什么很多企业出现了业务停滞不前、管理开始混乱、组织开始内耗的现象呢？笔者见过不少这样的企业：不管规模多大，内部协作仍然只能靠"刷脸"；企业规模不敢超过 500 人，一旦超过，组织效率就会大大降低，甚至导致管理崩溃；企业的运作离不开老板，而老板成为全流程的最大瓶颈……

这里面的原因非常多，其中一个最常见的原因是，企业在管理上没有升级，仍然只有"英雄"，只有职务权威，没有流程权威。因此，在企业走向规模化之后，淡化英雄色彩，淡化创业者个人色彩，实现管理规范化、流程化才是从必然王国走向自由王国的正确选择。

　　早在 1998 年颁布《华为基本法》时，华为就明确了自己的追求和经营管理重心：要成为世界级高科技企业，就必须抓最核心的领域（研发、销售和核心制造），围绕这三个领域要实行全流程贯通！只有端到端的体系建设，才可以提高效率、降低成本、快速响应客户。华为要建设的是一个科学管理的大平台，是"对事负责制"的扩张管理体系，而不是"对人负责制"的收敛管理体系。任正非在《华为的冬天》中对此有过详细解读，他写道："'对事负责制'和'对人负责制'是有本质区别的，前者是扩张体系，后者是收敛体系。为什么要强调以流程型和时效型为主导的体系？现在流程上运作的干部，他们还习惯于事事都向上级请示，这是错的。已经有规定或者成为惯例的东西，不必请示，应让它快速通过。执行流程的人是对事情负责，这就是对事负责制。事事请示，就是对人负责制，是收敛的。我们要简化不必要确认的东西，要减少在管理中不必要、不重要的环节，否则公司怎么能高效运行？"

　　那么，华为要建设一个科学管理的大平台、一个"对事负责制"的管理体系，应该从哪里入手？

　　任正非曾经这样和员工解释他对流程化建设的思考："我们在流程化建设上的思路是很清晰的。高速铁路、高速公路一定要标准化，而上下车方式或者接入方式可以千变万化。所以，我们强调在主干平台、主干系统中一定要简单、清晰、快捷、安全。但是在接入系统的那一部分，我们允许灵活机动。主流程要为大流量服务，而不是为小流量服务。"

　　因此，华为的流程驱动数字化转型，聚焦的就是主航道的管理体系建设，优先解决主干流程"通"的问题。什么是主航道？主航道就是公司的业务主方向，就是战略要地。任正非很清晰地指出："世界上每个东西都有正态分布，我们只做正态分布中间那一段，别的不做了，说那个地方很赚钱我们也不做，也卖不了几个。我们就在主航道、主潮流上走，有流量就有胜利的机会。"基于这个认知，华为通过战略集中度"打歼灭战"，把主航道修筑成大江大河，最后汇流到海。

从 1998 年开始，华为持续 20 多年，围绕主航道、聚焦主流程，进行渐进式、系统性梳理，建立基于先进管理理念的流程体系、流程化组织和 IT 主平台支撑。坚持先把主航道搞顺畅了，再治理小沟渠。如果数字化转型先修小沟渠，投入大量人力和物力，往往达不到业务期望的效果——这一段肠道通了，下一段还是阻塞的。支撑主干流程的 IT 主平台是主干流程畅通运行的关键，遵循主要业务流程逻辑，无须频繁改动，保持稳定、安全和可靠即可。

在华为，所有主航道、主流程的疏通，都是公司级的重大变革。不管是集成产品研发、集成供应链服务、从线索到回款还是客户售后服务，都是汇集整个公司的力量、各级各部门主管充分参与的战略变革项目。由于每一个变革涉及面都很广，华为的做法是坚持一块一块地做，业务在线化也是一块一块地进行，不急于求成，允许将变革的周期相对拉长一些。任正非说："有些人总要求全面铺开来干，怎么可能一下子建成一个很好的 IT？总是要从一个地方突破。"

综合华为的实践，在聚力主航道打通时，企业需要注意以下 4 个方面。

主干流程不是某个部门的流程，主干流程变革是全公司的变革

主干流程变革不是单一部门的变革，而是全公司的变革，像华为的集成财经服务变革，就抽调了一大批来自市场、服务、研发一线的骨干。既然不是某一部门的变革，那么流程也不是单一部门的流程，比如集成产品研发的流程要求，不仅是研发部门的行为，也是全流程的行为，财务、制造、服务等部门的相关人员都要进入产品研发流程，组成跨部门团队。

主干流程必须简洁高效

任正非提出，华为解决这些问题的方法，就是坚持"主干简洁、末端灵活"的建设思路，坚持在主干流程上对流程和数字化进行系统性梳理，坚持让具有全局观的干部主导变革，坚持"统一规划、分步实施"的总体策略。

主干流程拉通要分层分级，在主干流程层面要简单、快速流通，抓主要矛盾和流程的关键节点。保持主干流程简洁有一个技巧：流程监控点应该尽可能不放在主干流程上，而是放在支干流程里，这样的设计可以很好地与"核心主平台＋执行辅助应用＋末端工具"数字化应用架构设计相匹配和集成。

主干流程的数字化转型会涉及业务、组织和 IT 应用，要坚持"以流程牵引组织、以 IT 固化流程、以流程标准化平台化建设共性业务"，真正流程贯通后要对流程关键指标进行评估，并以此评估流程变革的效果，恰当的流程变革效果应该是简化管理、减人增效。

IT 建设就是要适用，要真正改善管理，避免华而不实

流程打通要同步落地数字化解决方案。

在主干流程的数字化平台，华为坚持使用成熟的软件包，是引进一个数字化，而不是造一个自有版本的数字化。用软件包的行业优秀实践牵引主干流程的变革，固化变革成果。把这个观点延伸一下，对于主干数字化平台，除了软件包中蕴含的优秀实践，其底层业务逻辑和可集成性、可拓展性都依赖于软件开发工程，如果都基于自主开发，就会对未来的升级运营和架构集成造成非常大的困难。因此，除了主干流程的数字化平台，在主干 IT 应用的建设上也要坚持引进、合作的软件包模式。

软件包主要承载业务核心逻辑和关键数据，要实现主干流程简洁，要尽量把一些枝节、可剥离的操作放在外围，把主干平台做得简单、透明。

在这种情况下，要把执行层面的需求、前端灵活性的需求，放到执行平台系统去实现。比如华为集成产品研发的主干 IT 平台是 PDM 系统，开发过程管理用软件开发管理工具（IBM Rational）来支撑；供应链 ERP 作为骨干系统，MES[⊖]解决调度执行等现场管理问题等。

需要提醒读者的是，在使用软件包的过程中，不要过分追求先进和完美，不要理想化，华为对 IT 建设的要求就是要适用，要真正改善管理，避免华而不实。当然，数字化平台工具一定要能支撑未来流程的建设和优化，尤其是主干系统，不能总是更换，因此在选型时要审慎。

⊖ 制造执行系统（Manufacturing Execution System, MES）。MES 软件即制造企业生产过程执行管理软件，是一套面向制造企业车间执行层的生产信息化管理系统。

守城和攻城同样重要

任正非说："执行一个良好的流程和建立一个良好的流程同样重要。业务部门的一把手要担负起建设和优化流程的责任，而不是流程 IT 部门。"

如果我们把流程打通方案在一个地方的落地称作"攻城"，那么，这座城攻下来后需要有人来"守城"；也就是在流程推行之后，需要有人管理、运营和优化，要避免"回潮""复辟"，必须落实本地或本领域的流程运营责任主体。

为此，华为在各分支机构和各业务领域建立了流程质量运营组织，负责本地区、本领域的流程管理和绩效提升，他们是"守城部队"，保证变革成果在相关区域或者领域内被固化下来，并得到持续改进。

许多企业的数字化建设缺乏连续性，做一个扔一个，今天疏通了河道、修好了堤坝，明天各个组织在自己的区段扔垃圾、挖小渠放水，久而久之，河道千疮百孔，这样的河道，怎么可能让江水滔滔汇流成海呢？

主干流程变革：数字化使能的 IPD 变革

　　1999 年，可以说是华为流程驱动数字化转型元年。那一年，率先举起管理变革和数字化转型大旗的是研发体系的集成产品研发（IPD）变革。从此，研发管理体系开始了长达 10 多年不断改良、版本迭代的一系列持续变革。

　　华为的 IPD 变革，是外界很多企业最为熟知并且普遍感兴趣的话题。外界关于华为 IPD 变革的资料有很多，对 IPD 变革历程、IPD 管理理念、IPD 流程、IPD 跨部门团队运作等都有系统详尽的阐述，本书不再赘述。

　　在本书中，我们聚焦一个独特的视角——数字化视角，来看看华为 IPD 变革是如何有效利用数字化实现业务转型和管理体系变革的。

　　IPD 变革，除了结构化流程、产品开发团队（Product Development Team，PDT）[⊖]等矩阵式开发模式、把研发视为投资的决策管理体系等关键变革点，还有一类关键变革点被很多人忽略，那就是数字化平台和支撑体系。IPD 变革中最主要的数字化工作包括 4 个方面：明确研发 IT 管治模式、规范产品数据管理、推行研发产品数据管理主平台和推行标准化研发 IT 工具。其中"推行标准化研发 IT 工具"主要是研发自我改进，通过制定开发工具标准（比如

　　⊖ PDT 是一个虚拟的组织，其成员在产品开发期间一起工作，由项目经理组织，可以是项目经理负责的项目单项式组织结构。

将 10 多种 C 语言或 C++ 语言开发工具标准化为 2 ~ 3 种），构建可重用的产品开发能力，提高开发效率。我们在本书主要介绍其他 3 个方面工作。

明确研发 IT 管治模式

针对华为研发 IT 管治模式，早在 1998 年华为 IT S&P 变革项目中就进行了明确规定——集中管理。由于华为的研发基于 ICT 行业，因此，研发工作本身要用到很多专用研发设备，如专用测试设备、专用仿真软件等，所以 1999 年启动的 IPD 变革进一步界定了管理边界，该收编的要收编、该规范的要规范。华为在集团层面成立了面向 IPD 流程领域的数字化应用组织——系统集成中心，负责研发端到端流程的数字化能力建设，包括 IPD IT 架构设计与集成、IPD 主干平台建设、业务变革项目实施等；同时在研发体系成立研发 IT 工具管理部，负责研发自身的工具建设、标准化和工具使用技能培训等。该部门在业务性质上归集团流程与 IT 数字化组织统一管理。这些组织的建立使华为较好地解决了研发领域的 IT 服务能力问题，为提升研发流程领域数字化应用水平和效率打下了良好的基础。

规范产品数据管理

产品数据是公司业务运营的基础，更是 IPD 数字化的基石。

华为在刚开始上 ERP 时，产品数据准确率非常低，生产计划基本依靠人工调整，常常导致一大堆"呆死料"。例如，某个物料库存金额高达数千万元，需要大半年才能消耗完，造成大量资金占用、客户发货错误和交付时间延误等问题。

在 IPD 变革期间，顾问带着我们分析产品数据时发现，华为产品的标准化程度很低，产品开发工程师常常按照自己的喜好选择产品物料、设计规格，物料和产品共享复用很差。其中一个场景给笔者留下了深刻的印象：当时在华为数据中心安装华为自己生产的设备时，经常出现由于设备大小不一而无法在华为自己生产的机柜上上架的情形，甚至需要使用特殊机柜，这不仅额外增加了不必要的运营成本和产品成本，还严重影响了华为的产品形象。

痛定思痛，产品数据必须参数化、标准化，为此，华为开展了 3 个方面的优化。

首先，重新梳理产品数据管理流程，并在 PDT 中设立产品数据管理的角色。为了推动 IPD 数字化，华为人确立并完善了产品数据管理部门的职能，明确了 PDT 的产品数据管理责任，使产品数据管理从被动响应转变为主动管理，从源头入手提高了产品数据的准确性、完整性和规范性。

其次，落实"在设计中构筑成本质量优势"的大质量理念，推行产品模块化、设计标准化、物料归一化，大幅度提高部件和物料的复用率，使产品部件数量减少了 30%，大大降低了产品成本，为后续提升产品开发效率和取得产品成本竞争力打下了良好的基础。过去在产品开发过程中，研发人员凭个人喜好选用产品物料，部件很难共用，物料多而散乱，采购成本居高不下，产品维护困难。随着华为产品品类和产品版本急剧增多以及业务全球化发展，这些问题越发严重，华为不得不加强公共组件的平台化和产品的标准化。

最后，建设主数字化平台支撑产品数据管理（后文会对这点展开介绍）。

综上所述，产品数据管理其实是贯穿华为数字化转型整个过程的最重要的主数据治理之一，产品结构、产品编码、产品配置等基础性、全局性的数据模型由于复杂和牵扯面广，加上认知和做好准备也需要一个过程，华为采用了逐步改进的方法。华为的供应链变革、营销体系变革、集成财经服务变革、数据治理体系建设等重大项目和数字化工程都涉及产品数据改进，比如产品编码归一化、物料编码优化、产品配置打通、BOM 销售研发制造拉通等，IPD 产品数据的改进只是华为产品数据管理改进的起点。

推行研发产品数据管理主平台

PDM 系统是 IPD 数字化的关键标志。IPD 变革其实涉及多个 IT 平台和 IT 工具，除了 PDM，后续还有需求管理平台、项目管理平台、需求分析工具、软件配置管理工具、共用基础模块管理工具、异步开发文档传输工具、知识管理平台等。但 PDM 系统是研发主数字化平台，是 IPD 流程变革最主要的数字化使能器。

PDM 是 IPD 核心流程和其他使能流程的主要支撑系统，其核心思想是产品数据共享、研发人员协同、产品开发管理在线、与 CAD/CAE 等专业工具集成等，目的是解决华为 IPD 面临的数据共享程度低、硬件开发与软件开发脱节、产品版本缺乏管控、产品变更缺乏跟踪控制流程、没有实现以部件为中心的产品数据架构等业务流程问题。因此，PDM 成为 IPD 数字化的重点实施项目。

华为 PDM 系统的实施按照 IBM 顾问建议的"软件包使能"的业务变革方法，基本上与 IPD 流程的开发和推行同步：在 IPD 变革完成现状分析后，华为就开始软件包的选型；基于 PDM 选型的结果，业务流程与 IT 协同进行设计开发和实施。它历时超过 3 年，分为以下几个阶段：2001 年，实现文档管理；2002 年下半年，BOM 上马，实现同 ERP 的集成；2003 年 10 月，整个 PDM 系统完成切换。

PDM 的成功上线，一方面规范了产品设计，确保产品开发数据的准确性和完整性，保证产品及时有效交付；另一方面，可以很好地集成产品生命周期中的设计、评审、变更和发布等流程，实现全流程研发协同与数据共享。

以 PDM 为主轴的 IPD 数字化项目的实施，固化了 IPD 流程跨部门集成运作规则，实现了所有与产品生命周期相关的产品数据端到端有序规范地流动，有效支撑了 IPD 管理体系的变革。

当然，PDM 第一阶段上线的仅是 PDM 系统的基础功能，PDM 作为集团公用主干平台，后来得到持续优化，华为把与 ERP 主干平台、需求管理、工具 CAD/CAM/CAE/EDA、配置工具等都集成起来，逐步实现产品数据全生命周期管理。随着 PDM 及其他辅助 IT 系统的上线，华为对 IT 应用架构重新做了规划，按照主干应用平台、辅助应用支撑和末端工具三个层面进行设计，在市场需求分析、研发项目管理、产品数据管理、异步开发和公共组件管理、知识管理、配置管理及全球协同研发等方面逐步实现了在线化，成为华为大幅提升新产品推出速度的有效手段。

回顾华为主干流程变革和数字化转型，有两个必须提及的思想方法，一个是"削足适履"，另一个是软件包驱动的业务变革（Package Enable Business Transformation，PEBT），它们对华为后续管理变革和数字化转型产生了极其深远的影响。

第一，华为的"削足适履"是斩断变革摇摆主义者的利器。

企业的转型变革之所以容易失败，是因为企业中有一大批摇摆不定的管理者：他们或是对转型变革和顾问持怀疑态度，遇到一点挫折就后退、就摇摆；或是认为自己行、总想着修正顾问的东西，喜欢标新立异，盲目创新，还没充分理解就随意修改、否定。华为也不例外，在当时的环境下推行 IPD 流程，来自内部的阻力之大，远远超出绝大多数人的想象。

首先，IPD 变革伊始，华为就有上万名研发人员，每年有上千个产品开发版本，IPD 流程的切换犹如给高速公路上飞驰的汽车换轮胎；其次，IPD 变革之前，也就是 20 世纪 90 年代，华为在国内市场取得了不错的发展，业绩几乎每年翻一番，研发个人英雄主义和自我膨胀的思想有着很深的根基；最后，市场和研发脱节，常有互不买账、互怼、相互推诿的现象发生。

IBM 顾问每次在培训和沟通中都会提到，变革中最大的困难在人，最大的阻力也在人，而且这个人在管理层，不在基层。如果管理层出现了"哎呀，这到底行不行呀""在华为能不能推行呀""咱们别做变革了"这类声音，很容易在华为快速传播，所以一定要防止管理层因为自己不理解或在变革中遇到困难、害怕或怀疑而往下传递杂音，影响变革推行。

为此，任正非提出，变革要"削足适履"，要坚持"先僵化，后优化，再固化"的变革思想。

他说："我们让大家去穿一双美国鞋，让美国顾问告诉我们美国鞋是什么样子的。要深刻理解 IBM 这套管理方法的内涵，谁理解得深，我认为在考评上可以给予鼓励。我认为在这个时候需要一个非常严谨的学习方法。创新一定要在理解的基础上进行，而不是在没有充分理解时就表明一些东西，那是在出风头。我想就该把那些出风头的人从这个小组中请出去。那些长期不能理解 IBM 的 IPD 改革内涵的人，也请他出去。""在学习先进管理方面，我们的方针是'削足适履'，先僵化、后优化，再固化。在一段时间内，我们必须沉下心来，就穿一双美国鞋。只有虚心向他们学习，我们才能战胜他们。我们有顾问的拐杖带着走，学会走路后为什么不能走到前面去呢？"

我们看到，华为的 IPD 变革以及后来的其他变革基本上是持续的过程，从大的阶段划分，至少有两个阶段：第一阶段是顾问主导，华为配合，主要完成"僵化"学习和"固化"到系统上线推行；第二阶段是华为自己主导，顾问辅助，在深入理解和充分实践的基础上，进行持续优化和版本迭代。比如经过 20 多年的发展，IPD 已经深入华为公司经营活动的方方面面，华为 IPD 体系的版本也已升级到 11.0+ 版本，IPD 已发展成为基于端到端产品研发管理核心理念的一系列技术和产品管理方法论大集合。

第二，坚持软件包驱动的业务变革。

"削足适履"在数字化实施领域的延伸，就是用"软件包驱动的业务变革"，这也符合流程与 IT 相结合的一体化思想，因为流程的落地固化、规范化推行、高效运营等在很大程度上都要依靠 IT 系统。PEBT 方法论的基本思想是，所谓软件包驱动的业务变革，就是最佳实践使能，因为软件包将许多最佳实践，如技术运用创新、最优化的业务模式、最先进的管理理念及最高效的业务价值创造逻辑等融入了软件包。很多时候，我们从顾问那里获取的新技术或新管理理念，已经存在于现有的优秀软件包版本中。所以，华为的战略是站在他们的"肩膀"上，快速获得业务效益和变革成功；选择承载优秀管理实践的软件包，尽量原汁原味地使用标准化软件包的思维，聚焦关键流程，基于最佳实践设计未来流程，实现业务流程和数字化平台的紧密融合，实现变革过程中组织、流程、IT 方案和进度的对齐，推动业务变革落地，提升变革效率和业务价值。从实操层面来看，PEBT 方法论分为 3 个阶段：第一阶段是定位于软件包的未来业务需求，包括变革项目立项分析和参照最佳实践的未来业务、流程、数字化需求；第二阶段是选择软件包；第三阶段是软件包驱动的业务流程重整，包括以软件包为蓝本对未来业务（流程和 IT）进行变革建模，按计划实施变革方案。

在 IPD 变革中，一方面，IPD 流程中有不少流程设计与 PDM 系统的实施密切相关（如文档管理、配置管理等使能层流程）；另一方面，PDM 软件包的落地需要全面梳理流程和管理体系，否则就必须向企业现有体系妥协，这常常使软件包被改得面目全非。华为的实践表明，在选择和引进软件包的过程中绝大多数被认为"不符合华为实际"或"不满足华为复杂的业务场景"的地方，正是业务需要变革的关键点。要坚决打击一知半解的标新立异者，清除不思进取的怠惰者。企业在坚持软件包驱动的业务变革时，需要公司管理层具备足够的耐心和定力，否则极有可能半途而废，因为任何大型软件包的实施，都是需要改变人的行为的变革，变革不可能一帆风顺。接下来，我们一起来看看华为在 PDM 系统实施过程中碰到的问题。

在上线 PDM 系统之前，华为大量的研发业务流程都是通过 OA 系统实现的。华为当时的 OA 是 IBM 的 Lotus Domino/Notes 办公平台。开发一个小 Notes 电子流非常简单，甚至许多部门的行政秘书就可以完成。研发人员也习惯用 Notes 进行协同。所以在那个时候，华为 Notes 办公平台上如雨后春笋般出现数千个小"豆腐块"（Notes 电子流应用的图标像一个豆腐块，因此华为人称之为"豆腐块"），这些电子流之间基本上没有任何相互联系，没有太多数据可以共享和交换，大家也习惯了这种文档不太规范、协同效率较低、较为自由散漫的研发管理模式。

实施 PDM 系统后，原来以 Notes 平台上功能流程、小范围协同为主的"自由"工作习惯被完全改变了，变成全流程拉通、数据全过程共享、数据输入输出严格管控的新工作模式；加上系统刚上线时各种配套不完善，而用户激增又使性能问题凸显，导致研发人员的工作效率受到很大的影响，有人私底下把 PDM 戏称为"爬得慢"，他们抱怨 PDM 不如原来的系统效率高，有些主管甚至开始反对推行 PDM 系统。

在推行 PDM 系统碰到困难时，公司高层的支持就显得非常重要。任正非一边要求项目组不要追求华而不实，对系统的评价标准就是要适用、要会用、要发挥好、要真正改善管理；一边指出，不要指望一下子就能建成一个很好的 IT 系统，总是要从一个地方突破，强调所有部门的主管都要参与项目实施，任何阻碍系统实施的人都要下岗。他说："我们在引进 IT 管理系统方面，切忌幻想一个华为的版本。在 IT 建设方面的思想方针是坚定不移地相信 IBM 顾问教给我们的管理体系，允许思考，但重在理解和推行。"

在公司的支持和各部门主管的积极参与下，项目组加班加点对系统进行调优和完善，所有项目组成员分别到全国各地的研究所，连续几个月给数万名研发员工进行 IT 系统培训，慢慢地扭转了大家的观念和习惯，为 PDM 系统的顺利推行扫清了障碍。后来，PDM 系统成为华为最核心、最有分量的研发主平台之一，支撑了全球十几万人规模的研发队伍和多区域、多业务的产品研发管理，推动了华为研发管理体系从偶然成功走向必然成功。

有人说，华为是实施 PDM 系统最好的中国企业。如果没有华为当初的坚持，恐怕不会有今天 PDM 系统的成功，也可能不会有今天华为的成功。在变革过程中，任何一点成绩都是用最大的努力和坚定的意志争取的，这可以用华为 2019 年流行的一句话表述：没有伤痕累累，哪有皮糙肉厚！经营公司如此，企业做数字化转型、做管理变革也是如此。

华为全球推行 ERP 主平台的变革复盘与成果分析

前文讲到 IPD 变革时介绍了数字化使能的意义，其实集成供应链服务的变革更是依赖数字化使能的领域，华为在变革过程中同样采用了 PEBT 方法论指导 IT 系统的实施。此处通过回顾集成供应链主平台 ERP 全球推行的故事，让读者更加深刻地理解 PEBT 方法论，以及获取华为在建设主干平台上的经验教训。

2005 年，随着全球供应链变革项目的推进，以及海外市场开始快速增长，华为亟须构建一个全球统一的 ERP 平台，支撑其在各个国家及地区的业务快速增长，拉通集团与海外各子公司之间的采购、供应、服务、财务等环节，这项任务在当时迫在眉睫。

在解读华为全球推行 ERP 之前，有必要先介绍一下 2005 年华为海外业务情况。当时华为海外业务一天一个样，但数字化程度非常低：没有像样的系统支撑订单、供应，财务系统基本上是"七国八制"。举个例子，当时许多海外代表处的账务数据滞后严重，导致许多款项无法付出，尤其是工程合作款，许多项目的合作方因为付款进度慢而停止施工，业务主管一方面忙于催促财务尽快支付合作方的项目工程款，另一方面又要处理项目严重延误导致的设备滞留港口的问题以及进度延误带来的客户满意度问题。海外各地的货物仓储管理也处于手工或半手工状况，许多发出去的设备货物就像断了线的风筝，不知道在哪；而乱七八糟地堆放在租借的仓库里的设备货物，上面积着厚厚的灰尘，无人问津。记得当时一位从海外回来的主管说："真的太乱了，如果华为活不下去，那肯定是被撑死的，不是被饿死的。"

如果这样下去，华为国际化的步伐可能不得不慢下来甚至被迫停下。于是，华为在全球集成供应链服务变革项目中启动了 ERP 系统全球推行子项目，目的是打造全球最核心的统一业务平台，拉通和统一全球业务规则，实现高效可控的业务管理和财务管理。下面简单复盘这个过程，便于读者理解打通国际化主航道的难点和重点。

试点遇阻

华为很快完成了全球 ERP 系统的版本升级及上线工作。为此，项目组决定尽快选择第一批海外国家进行试点。

ERP 系统海外试点项目组根据事先的摸底分析，圈定了巴西、俄罗斯、埃及等首批试点国家。当时项目组之所以选择这几个国家，一是因为华为在这些国家的业务发展较快、较全面、较复杂，业务涵盖订单、制造、仓储、服务、财务等模块，几乎覆盖全链条；二是因为当地财税政策比较复杂，应该是全球所有需要推行 ERP 的国家中最具挑战性的。我们当时天真地认为，如果把这几块"硬骨头"啃下、试点成功上线，一旦形成可在全球推行的成熟方案，ERP 系统的全球化推行就能够轻松搞定。

在 ERP 系统试点过程中，我们很快遇到了大挑战：这几个试点国家的税务、财务、商业政策及法规要求与 ERP 系统的差异非常大，不是靠克服一下就能扛过去的。由于它们过于复杂，ERP 软件短期内肯定无法支持，统一的试点方案出不来，折腾几个月后，华为第一批海外试点无法进行下去，这让大家很受打击。

改变推行策略，先易后难，快速复制推行

在听取了财务 ERP 系统推行进展的汇报后，任正非找项目组和所有主管开会，严肃批评了项目试点推行的思路："业务在焦急地等我们去解救他们，他们等不起啊！我们项目组却想一战成名逞英雄。全球那么多的地盘你不要，不抓住主要矛盾，偏偏找几个最难啃的骨头，你们是在浪费业务的时间、浪费公司的资源。需要在那么多国家和地区尽快推行 ERP 系统，我们为什么不能把容易推的先快速推行，让它们的业务早点得到支撑，再来考虑这几个复杂的国家呢？"

会后，项目组对前期推行工作进行了深刻反思，对前期推行策略存在的问题达成了共识：没有抓住主要矛盾，没有聚焦基于软件包的标准化功能的共性问题和普遍性问题，把精力放在了小众问题上；先难后易的推行方法，说到底就是以技术为导向的做法，追求技术最优，追求一劳永逸，而不是以客户为中心、以简单快捷为美。

基于新的推行思路，项目组重新制定了推行策略和方案：先易后难，尽快覆盖需求迫切且容易推行的区域。我们当时采取了如下做法：根据全球各个地方的业务覆盖情况及 ERP 系统与各个地方的业务规则适配情况，进行同

类项合并，以标准化功能套餐包＋最少量本地合规性开发需求的方法，制定了5个套餐式快速推行方案；需要推行的国家根据自身实际需要，从中选择最接近、最适合自己的推行套餐，确定后，由精兵强将组成的推行组同时在全球多个能够快速覆盖的国家复制推行。经过一年多的加速推行，到2006年年底，华为终于在100多个国家和地区成功上线ERP系统！

用海外特殊国家的 ERP 系统解决疑难杂症

在大部分国家推行ERP系统后，华为海外业务逐渐走上正轨，这时，华为终于有精力处理那些税制比较特殊的国家的适配问题了。

由于这些国家政策相当复杂，如果同一套ERP系统要在这些国家实施，就需要安装很多本地化的组件和补丁，这可能对主平台的稳定性和性能造成极大的影响。

为此，我们和顾问经过多番论证，对全球一体化平台和业务特殊性进行综合思考，决定建立一主一辅的ERP系统架构："主"就是全球ERP主系统，"辅"是基于同一软件再独立安装一个满足特殊国情的ERP系统，让这些国家的ERP系统都在这个平台上实施，后端进行集成即可。这样既能保障主系统的简洁、稳定、安全、高效，也能很好地满足特殊国家的业务需求，这就是华为"灰度哲学"的鲜活案例。

对于俄罗斯、巴西等税法复杂的国家，华为都是通过这种方案配合少量本地化执行层面的工具来变通实现ERP系统落地的。实施过程相当艰辛，比如在巴西，华为就前后进行了4次实践。直到2011年，业务部门放弃了一些特殊需求（选择通过本地化工具解决，而不是将需求都加在公共的 ERP 系统上），华为在巴西的 ERP 系统才成功上线。至此，华为海外 ERP 系统才算真正得到全面推行。

华为全球 ERP 系统推行的意义

华为全球 ERP 系统推行的意义在于，它是真正在全球实现了一体化的主业务数字化平台。

甲骨文公司的顾问当时找遍了全球 ERP 系统实施案例，都无法覆盖华为实施范围的 1/3，可见其难度之大。当时甲骨文公司负责对接产品研发的客户经理回忆，华为当时的很多需求对甲骨文的产品研发贡献非常大，比如多税种、多语种、多币种、多账套等，很多需求都是华为率先提出的。在全球，很少有公司能够像这样实现真正落地的全球化。

全球 ERP 系统的推行以及后来陆续推行的全球差旅平台、统一行政服务平台等，为华为全球业务的快速增长和全球范围数字化转型起到了非常重要的作用，具体如下。

第一，一线业务有了数字化系统支持，订单顺了，库存清楚了，该付的款能付出去了，服务交付及时了，财务可视了，哪些是全球统一的业务规则、哪些是可以本地化的个性化规则，一目了然，为业务取得爆发式增长打下了坚实的基础。2005 年是华为全球 ERP 系统推行元年，华为年销售收入不足500 亿元（453 亿元）；2016 年，华为年销售收入突破 5000 亿元（5216 亿元）。10 年时间 10 倍增长，如果没有这些全球性数字化平台在背后作支撑，难以想象会乱成什么样。

第二，华为全球化的特点是全球人员调动非常频繁，人员流动更是家常便饭，比如销售、供应链、研发、财务、后勤等人员的流动，统一的平台支撑极大地提高了他们的工作效率，减少了适应环境的时间，为"One HUAWEI"的落实做了非常大的贡献——无论员工在哪个国家、哪个地区工作，行政服务基本上是一样的，业务系统也是一样的。可能现在很多人，包括华为人觉得这种状况是理所当然的，但就像空气中的氧气一样，正因为地球上有它，我们才能好好地活下来，虽然我们看不见它；如果我们进入其他星球，没有了它，我们就会明白它的重要性了。

华为在建设主干应用平台时的经验教训

综合以上案例，华为在建设主干应用平台时积累了丰富的经验教训，值得借鉴。

（1）在流程驱动的数字化转型和管理变革中，要聚焦主干应用平台建设。主干应用平台建设是拉通主干流程的关键支撑，也是业务变革的重点，主干通了，业务才能进入有序运作的正向循环，因此，我们必须有全局思维，坚持一线需求驱动，急业务之所急，尽快打通支撑主干流程运行的高速公路。

（2）要坚持抓主要矛盾，坚持"主干简洁、末端灵活"的架构方法。华为全球 ERP 系统推行的经验告诉我们：在主干应用平台管理变革和数字化转型的过程中，企业会碰到很多超出预期的复杂问题，变革和转型要坚持 PEBT 方法论，以软件包标准化推行为主轴，不在一些本地的局部合规、特殊需求上纠结，本地末端的个性需求尽量不在主干应用平台上实现，保持架构的清晰化。在数字化方案的选择上，要化繁为简，保持适度的灰度，要有现实主义精神，有理想但不要有理想主义，就是要使主干简洁，坚持抓主要矛盾，避免过度的技术导向和攻山头思想。在推行上，要先易后难，以广覆盖为先。

不同的企业有不同的痛点，不同时期有不同的主要矛盾，尽管企业的任何变革和转型都是影响面很大的系统工程，但只要在坚持正确方向的基础上，聚焦主干数字化平台，轻装上阵，先易后难，务实、谨慎、一层一层夯实，持续增强团队胜利的信心，一定能到达成功的彼岸。

"心声社区"：敢于做好组织在线

2006 年 5 月，一位在华为工作不到一年的 25 岁员工，患上了病毒性脑膜炎，经过 10 多天的抢救，还是不幸去世了。这看似是一起员工病故事件，因为有人在互联网论坛上发布了相关帖子，并把生病与加班关联起来，进而演变成当时的热门话题，媒体争相报道，华为一时间成为社会舆论的焦点。

从发帖的内容来看，这个帖子应该是了解一些情况的华为内部员工发布的。

发生这样的事情之后，任正非陷入深思。他认为，在公司业务快速发展、大批新员工进入、大量新管理者跑步上岗的环境下，改善员工关系、营造更加民主、开放和内部自我批判的氛围，是公司当时亟须改进的管理薄弱环节。同时，员工在互联网上发帖的行为触发了他的思考，他觉得完全可以在华为内部建立类似的平台，让内部更加透明，让政策更加贯通。

此后不久，任正非找到数字化部门，提出希望在华为内部建立一个员工可以自由发声、类似外部互联网社区的平台：员工无论对公司、对管理干部、对部门有什么意见或建议，都可以在这里发帖。他反思，之所以发生这类事件，还是与华为在管理上长期积累的顽疾有关，比如组织文化不够开放、管理者能力不足导致管理简单粗暴及政策执行出现偏差、对内对外都不够透明等。因此，华为快速搭建的网络社区平台主要承载如下 3 个功能。

（1）构建民主开放的环境。公司应该更加开放，更加民主；公司要营造一个敢于批评和自我批评的环境；要让这个平台成为监督公司干部、暴露管理问题的渠道，让各级管理者听到不同的声音。

（2）搭建内部沟通的桥梁。公司的很多政策和制度往往容易在执行过程中走偏，需要建立更为直接的沟通桥梁，要让这个平台成为了解员工情绪的场所，成为舆情、政策上传下达的直通空间，增强员工对公司文化的认同感。

（3）开辟对外透明的管道。这个平台要开放给所有外部媒体或者想了解华为的人，就像我们在一个透明的房子里，外面的人可以直观地看第一手资料，通过它们了解华为、监督华为，倒逼华为持续进步。

任正非认为，华为公司不要去炒作互联网精神，应该踏踏实实夯实基础平台。互联网的可借鉴之处是它改变了做事方式，使信息传送的层级减少。华为要想方设法借鉴互联网方式，实现组织在线和员工在线。在这种理念下，华为的数字化部门在一个月之内开通了该社区平台，取名为"心声社区"。心声社区可以说是华为构建"内部互联网"的一种尝试，基本上复制了互联网社交的原则。比如匿名原则，华为公司的任何一名员工都可以像在外部互联网社区一样用网名注册，身份信息保密，这样，员工就可以无顾虑地发表意见、揭露问题；员工通过社区就公司或其他员工发布的政策信息进行自由讨论；员工也可以通过博客展示其工作之外的才能，或者建立圈子聚集志同道合的人进行线上线下活动，或者通过活动、相册等展示大家工作之外丰富的生活……因此，心声社区也被华为人誉为华为的"罗马广场"。

当建立心声社区时，大家没有想到它后来会如此火爆、如此受员工欢迎。

社区刚上线时，常常一开放（为了不影响员工工作，早期规定社区只在非工作时间开放，后来才发展成 24 小时全开放），平台就被挤爆了，数字化部门不得不几次重构系统架构。

心声社区上线后取得了极好的效果。任正非每周都通过阅读汇总后的心声社区简报了解公司和员工的动态及问题，也通过员工的反映处理了许多不称职的问题干部。当然，公司干部或员工对任正非本人有建议或意见时，也可以在心声社区中提出。一个比较典型的案例是，华为"蓝军"部长潘少钦炮轰任正非的文章《过深、过细、过急、过于强势……华为"蓝军"批判任正非 10 宗罪》在心声社区发布后被业界广为流传。这篇文章从任正非本人"过于强势"到公司管理的各种不合理制度谈起，形成了"任正非 10 宗罪"，非常直白、透彻。

- 过于强势，指导过深、过细、过急；

- 过早否定新技术、新事物；

- 价值分配机制不合理，存在"一刀切"现象；

- 极端中庸，过多灰度、妥协；

- 干部管理过于复杂，风险大、效率低；

- 不重视专家，专家的价值被矮化；

- 过度强调高管的海外经历；

- 过分强调"汇报"内容；

- 很多管理思想、要求适用面小；

- 把战略预备队和资源池混为一谈。

后来华为推行全球移动办公平台时，心声社区一直是最重要的板块之一，并且推出了更多的频道，比如华为核心价值观、反映员工风采的七彩生活、短视频"秀"等，大大丰富了心声社区的内容结构，改善了员工的体验，对公司壮大之后的组织管理提供了非常好的线上组织服务平台，对全球协同、员工关系的改善、华为文化传承以及华为变革核心理念传播等起到了强大的牵引作用。

华为的实践给我们带来不少启示：**不管我们是不是所谓的互联网企业，都要敢于用互联网的方式把内部流程和组织做好。**

一方面，很多企业的数字化建设从业务（"事"）角度着力较多，但常常对组织和员工（"人"）的数字化考虑不足。在数字化时代，企业的文化建设、员工之间的互动、员工关系建设、员工培训提升等大量与"人"相关的工作，是数字化建设不能忽视的重要领域。利用互联网技术和数字化工具实现组织在线，把组织沟通、员工关系、学习培训、团队协同、员工生活等以员工喜爱的方式实现线上管理，这也是流程驱动数字化转型的关键内涵之一。

另一方面，通过 IT 实现全链接和全流程打通，其实就是华为最重要的内部互联网，否则，"让一线呼唤炮火"就是一句空话。一线就是作战中心，攻占山头时，如何呼唤炮火，如何准确、及时地调动资源至关重要，整个组织决策前移的变革都需要内部互联网畅通，都需要借助互联网的方式去支撑。

所以，企业家和管理者需要随时关注数字化技术的发展及变化，利用好数字化，穿上互联网的鞋，聚焦企业自身业务的有效增长和组织效率的持续提升，实现组织在线和管理在线。

华为流程管理长效机制"三板斧"

笔者在与一些企业接触的过程中发现，目前不少企业对流程驱动数字化转型存在认识上的误区和管理上的问题，容易陷入难以为继的境地。例如：流程功能化、变革部门化，所有的流程优化和管理变革变成部门行为，缺乏流程维度的愿景驱动和跨流程组织的变革协调；流程没有明确的责任机制，流程优化杂乱无章，缺乏流程优化后劲，没有流程绩效管理；没有"流程需要持续运营"的概念；等等。

流程驱动数字化转型不是一次性工程，具有长期性和复杂性的特点；如果没有建立起完善的流程管理的组织与流程运营体系，流程驱动数字化转型就难以持续有效地开展下去。因此，在流程驱动的过程中，企业需要逐步构建起长效运作的流程管理机制，把流程改进从被动行为变成有管理的主动行为；通过有效的流程管理，实现业务运营能力的持续提升。

华为的实践表明，流程管理长效机制应该包括以下 3 个方面：①建立流程责任体系；②推行闭环的流程管理和运营制度；③实施产品化、版本化的流程和 IT 应用优化模式。我们称之为华为流程管理长效机制"三板斧"。

建立流程责任体系

任正非在一次讲话中强调流程责任体系的重要性，他说："我们要想在竞争中保持活力，就要在管理上改进，在监控有效的情况下，缩短流程，减少审批环节；要严格地确定流程责任制，充分调动中下层承担责任，在职权范围内正确及时决策。"

流程责任体系的本质，是构建一个基于端到端流程横向管理的机制，流程是基于价值创造而存在的，对业务结果负责，把功能组织变成能力中心，对相应的资源、专业能力及执行效果负责。

落实流程责任体系，就是要把流程管理责任落实到相应的责任主体上，这个责任主体对流程体系闭环管理负责，对最终流程绩效负责。在华为流程责任体系中，最重要的两个角色是端到端的流程责任人和一线/末端流程质量组织。

端到端的流程责任人是华为全球流程所有者（Global Process Owner，GPO），对全球流程的绩效负责。这里所谓的全球流程，是指在企业范围内通用的主干流程（截至 2021 年，华为全球流程超过 16 个，每个流程设立一位 GPO）。GPO 的主要职责是贯彻公司管理变革与数字化转型的要求，在变革管理体系和企业架构指导下，负责制订所属全球流程的改进策略与规划、组织流程重整与流程优化、监控流程运营与质量，确保流程高绩效安全运营；负责数字化与流程的融合，提升流程的数字化能力和执行效率。另外，GPO 还需要协调内控、数据、质量等管理要素在流程的集成和落地，保障流程运营的安全和运作质量。

一线 / 末端流程质量组织，又称质量运营组织，能避免让一线 / 末端人员盲人摸象，确保流程能像产品管理一样，得到例行的运行维护；质量运营组织匹配一线 / 末端的业务场景，对一线 / 末端流程进行有效授权，快速响应内外业务场景变化。

推行闭环的流程管理和运营制度

在流程责任机制落实后，流程责任人和流程质量组织要对流程进行闭环管理。闭环的流程管理包括以下 4 个环节：流程规划、设计验证、发布推行和运营改进。

第一，通过流程规划识别基于业务战略和数字化转型战略的流程变革需求，规划关键流程的版本路标和变革路径，设定流程变革的愿景和目标，以愿景推动各个流程领域系统性的变革和优化。

第二，通过转型变革项目，进行流程优化与数字化的变革方案集成设计、验证和试点。

第三，转型变革推行组织制订推行计划，实现流程的发布、推行和系统上线，确保流程能够顺利落地。

第四，流程上线后，需要持续的流程运营，流程运营的重心是管好流程绩效，根据不同时期的业务战略，抓住相关流程的关键绩效指标，对标业务最佳实践识别差距，将差距和改进目标作为下一阶段流程规划的输入，纳入变革和优化计划，如此反复，促进流程持续保持高绩效运营状态。

实施产品化、版本化的 IT 应用优化模式

华为是用产品思维来管理流程和 IT 应用，把每个流程、每个应用视为一个产品，每个产品有明确的业务定位、边界范围、产品架构和效益指标等；同时设置产品版本团队，包括流程版本团队、IT 应用产品团队，对产品的需求、产品路标、版本规划、方案实施和产品质量负责。

业务的发展、外部市场环境的变化、技术的演进，都会产生新的流程优化需求，每一次的流程或应用版本，都有明确的业务需求和业务目标，流程版本团队像产品需求规划那样，需要主动对需求进行优先级管理和排序。例如，华为集成产品开发（IPD）流程，经过 20 多年的持续优化，其版本已经从 1999 年的 V1.0 迭代到 2021 年的 V11.0，在这样的产品化、版本化管理模式之下，产品开发流程得到不断完善和进步，IPD 流程成熟度评估的结果也从 1.5 分提升到 3.6 分[⊖]。因此可以说，流程和 IT 应用的产品化、版本化管理是实现流程数字化运营和持续改进的基础。

⊖ 10 分制，其中 3.5 分是华为认可的变革成功的门槛。

日落法：简化流程，多打粮食

流程的本质是为"作战"服务，是为创造价值服务。企业要想让流程真正支撑"作战"而不是阻碍"作战"，一个始终绕不开的焦点问题是，如何做好流程管控与流程效率的平衡？

管控过度，不仅束缚了一线员工的手脚，而且容易形成"横向不协作、纵向官本位、四周都是墙"的困局，让那些想做事的干部和员工无法把事做成，影响流程设立的初衷，损害"以客户为中心"的企业文化。

管控不足，流程效率看似提高了，却只是局部的灵活，"一花独放不是春"，拉通来看，这样的流程质量差、流程漏洞多，同样会给公司业务带来失控的风险，终将损害公司的长期利益。

很多企业的流程观，是沿着功能部门组织或部门层级设计的，导致流程非常复杂、流程效率低，"跑流程"往往成了一线员工最头疼、抱怨最多的问题。

于是，简化流程成为流程建设与数字化转型过程中的一项非常基础且非常重要的任务。

华为版"日落法"

"日落立法"（Sunset Legislation）又称"日落法案"（Sunset Laws），简称"日落法"，是指由立法机关定期检视某特定方案或特定政府机关运作状况，以决定该法案或机关继续存在或宣告死亡的一种机制。这一机制给华为公司领导层带来新的管理启示：在流程全生命周期管理中加入定期体检，力求减少流程节点，持续简化流程。在华为，每出台一个新的流程，就必须砍掉另外两个旧流程；每增加一段流程（节点），就要减少两段流程（节点）；每增加一个评审点，就要减少两个评审点；每出台一个新政策，就要砍掉两个旧政策。

任正非对华为干部们说："不产粮食的流程是多余流程，多余流程创造出来的复杂性要逐步简化。流程必须持续简化，IT 应用及文档文件要用'日落法'。不可持续的就不能永恒，烦琐的管理哲学要简化！"

华为在全公司层面采用"日落法"管理流程以及其支撑的 IT 系统，这是相当重要的变革举措。

华为的行动：4 个管理节点的流程优化

其实，"日落法"的管理理念不是近几年才出现的，华为在流程建设的过程中，一直把"简化流程"作为重点工作来抓。华为曾为此启动了一个持续两年多的流程简化项目——4 个管理节点的流程优化。

这个项目的缘起如下：有一次，任正非看到华为内部审批流程上密密麻麻有 10 多人的签名，从各层级部门主管到 CFO，除了个别人签上"同意"，大部分人只签个名字了事，没有任何明确的处理意见。任正非为此非常生气，他把 CFO 和相关职能部门主管找来："你们拿着公司的高薪，把流程搞得这么复杂，每个人为了签字而签字，签完字甚至不明白为什么签字！流程的责任不清晰，重心仍然没有下移，许多环节流于形式，这样的流程不简化，我不知道公司还能活多久？！"

相似的例子还有很多，当我们探究它们的共性时发现，流程反映的是业务的价值创造和服务过程，主要由两类活动构成：价值创造类活动；审核管控类活动。流程效率低下的原因可能有很多，但一个非常普遍的关键原因是基于管理职能组织的评审、风控等审核管控类活动，严重阻碍了流程的活力或效率，即第一类活动所创造的价值被第二类活动中和了。

于是，任正非与华为高层反思后达成共识：**流程的正确不在于复杂而在于简洁**。为了推动各领域的流程简化，华为规定：**所有流程，不能超过 4 个管理节点**！业务主管是简化流程的第一责任人，凡是超过 4 个管理节点的，必须由该流程的业务负责人本人向公司经营管理团队（Executive Management Team，EMT）汇报该流程的设计方案，书面解释为什么必须超过 4 个管理节点。不来汇报或汇报不通过的，一律限期简化改进，不整改就免职。

为此，华为在各流程领域发起了流程变革项目——4 个管理节点的流程优化项目，全面分析其所在领域的流程现状，梳理出所有超过 4 个管理节点的流程，并制订整改计划。各流程领域每个月定期把简化的流程、带来的业务收益及成本节约情况汇报给任正非及公司其他领导。任正非对每份报告都会认真签批，由此可见，他对此项工作的重视程度。

华为的行动成果：流程大幅简化，业务收效明显

得益于任正非的高度重视，在两年多的时间里，华为上下优化、简化了 100 多个流程，效果显著。笔者在这里举两个例子：一个是研发领域；另一个是内部服务领域。

案例一：研发领域流程简化案例

在研发领域，华为整改了数十个流程，尤其是一些支撑性流程。由于这些研发流程大多由负责相关管理职能的部门制定，职能部门按照管控需要在流程中设计了很多审批类管理节点，使流程执行起来非常复杂，影响数万研发员工的工作效率。例如，研发产品新器件认证流程有 25 个节点之多！执行一次这个流程，往往需要 3 个多月的时间，令研发项目组痛苦不堪。经过简化流程小组的整改，新器件认证流程从 25 个节点改进成 10 个节点[○]，其中减少的主要是基于各职能部门管控需要的管控型节点，整改后的流程效率提高了数倍。

案例二：内部服务流程简化案例

华为内部服务流程中，有一个流程涉及公司全员、影响面非常广，这就是差旅报销服务流程。

华为在业务全球化过程中，业务扩展到 180 多个国家及地区，碰到最棘手问题之一是员工的差旅报销问题：员工从填报销单到收到报销款，一般都

○ 因为认证工作涉及外部多方合作，比较复杂和敏感，确实难以减少到 4 个节点之内，要以实际情况为准。

需要超过 1 个月的时间，有疑问的报销单很可能就是遥遥无期了。

有一位华为财务主管这样回忆当年的场景：

我的第一个岗位是费用报销会计。2000 年，华为还没有网上自动报销系统，所有的费用报销都是纸面单据传递，每个会计的桌面都是单据如山。

每天早上，一踏进办公室，我们就要在成堆的单据中，翻找出自己需要处理的单据，要想顺利找到单据，靠的是运气，拼的是人品。

大家忍无可忍，因此约定好，哪个单据放在哪个筐里，哪类凭证传递给谁，做好记录。想法很美好，可一运行起来，发现只要有其他部门的同事来我们办公室走一遭，在筐里搜罗一通，一切又乱套了。

更让人发愁的是，有些员工的单据攒了很长时间才想起来报销，票据丢了不少，剩下的也贴得很乱，发票五花八门，不符合基本的财务制度。

对我们来说，每一张发票都必须对得上，哪怕只是一张公交车票，五毛钱、一块钱都不能错，那时我们就拿着计算器一遍又一遍地算。最崩溃的是正在算的时候有电话打进来了，有人要向你咨询问题，一旦核算被打断，那就完了，全部都要重来。

发现单据不合规的情况，我们要和申请报销的员工沟通扣减报销金额，遇到对方发脾气，还要安抚他们。有一段时间，我特别害怕给申请报销的员工打电话，但不打又不行。

记得有好几次我和他们核实票据，对方回忆不起来，加上工作压力也挺大，就直接在电话里噼里啪啦对着我大发脾气，我心里觉得特别憋屈，忍不住掉眼泪。那阵子真的觉得坚持不下去了！

这位财务主管所遭遇的挑战，不是个案。当时，华为的海外市场已经开始快速增长，许多华为员工频繁奔波于全球各地，需要更快捷高效的差旅报销流程，而该流程存在的主要问题有以下 3 个。

- 手工填报复杂：费用报销常常不能及时填报。曾经一位华为某国家代表处主任说，由于工作繁忙没时间报销，经常超期，借公司的备用金也无法冲销，多次被财务部门批评。

- 审批周期长：由于审批环节多，部门层层审批，负责审批的主管又常常出差，经常一个多月都审批不下来。

- 审核成本高：由于采用先审单再报销的模式，财务面对大量的报销单证，审核难度大，人力和管理成本高，同时由于反复核对，严重影响报销时长，一线对财务部门的服务满意度极低。

为了解决上述问题，支撑全球业务发展，华为成立了差旅报销流程优化项目组。以"报销数字化、员工自助化"为核心，创造性地引入"员工信用评级制度"，全面简化了报销服务流程，并推出随时随地网上费用自助报销平台——员工自助报销系统（Self Service Expense，SSE）。

接下来，我们一起看看 SSE 建设的几个关键思路。

（1）填报全面数字化：实现员工随时随地网上自助填报。

（2）审批大幅简化：取消多层级的主管审批环节，只设置"直接主管 /项目经理"→"部门权签人"两个节点，之后直接由财务会计处理。

（3）**财务处理与单证分离**：先付款再审单，集中传递单据，网上自动批量付款。

（4）**在服务中构建风控体系**：华为首创了内部"员工信用评级制度"。在系统中实现全员实时信用等级管理，依据员工报销费用是否有违规及违规发生的频率，自动降低或提高员工的信用分数，并根据信用等级调整报销单据审核方式和流程。因贯彻了"寓监管于服务中"的理念，SSE 成为华为以全员、全要素、全过程的风险控制为主要内容的风险管理体系的重要组成部分。

（5）**服务效率标准化**：设立每个审批环节服务标准时长，超过限定标准时长的，系统默认审批通过，自动进入下一环节，并由该环节责任人承担相应风险。

报销服务流程优化和数字化给公司和员工带来了极大的收益，一方面节约了大量的财务资源和公司管理成本，节约了员工大量的时间，使员工更加聚焦"打粮食"，很好地解决华为全球化推进过程的一大痛点，大大促进了华为全球化业务的开展；另一方面，通过建立员工信用评级制度，健全了公司的风险管理体系。后来，很多企业学习华为的差旅报销流程，其优化理念得到广泛的认可和复制。

华为流程简化的启示

通过华为的流程简化实践，我们可以得到如下启示。

- 简化流程，不是简单地"增加一个环节，减少一个环节"，所有的流程简化，都必须建立在"更有利于企业的价值创造"基础上。华为采用的"不超过 4 个管理节点"的标准是基于华为业务实践而设立的，每个企业可以有自己的标准，如果是创业公司可以设置 2 个管理节点，涉及安全作业的能源企业可以设置 5 个管理节点或者更多，关键是把握好一个核心：**每个领域的业务主管，是否真的从客户价值创造出发，而不是从职能管控出发来设计流程管控点。**

· 简化流程，不是意味着只能在老路上小修小补，有很多场景，需要我们跳出原来的思维定式，重新定义业务规则，重塑业务处理模式，这就需要我们真正沉下心来，走进业务现场理解业务的本质。

· 学会灵活运用数字化技术来创新业务流程设计，通过数字化构建风控体系，在风控管理上敢于尝试类似华为 SSE "员工信用评级制度"，构建事后 "并联" 监管而非一味强调事前 "串联" 监管模式，平衡好价值创造类活动和审核管控类活动的关系，确保流程 "主干简洁、末端灵活"。只有这样，流程优化和数字化转型才能形成良性的互动，才能服务企业的发展。

第5章

数据驱动数字化转型

〔本章精彩观点〕

- 数据驱动数字化转型的本质是实现基于数据和事实进行科学管理，表现为数出一孔、经营数据可追溯、经营预测可信赖。

- 基于数据和事实进行管理的基础是实现全流程业务数据的完整、实时、准确、共享、可视，能够支撑业务的基本决策分析和业务洞察。

- 打造业务的共享服务平台，实现业务服务化和数据共享化，走向平台型企业管理模式，是数据驱动数字化转型的关键价值所在，是数字化升华的必然结果。

- 数据驱动数字化转型的主要路径抓两头（主数据、交易数据），定标准（做好数据标准化）。

- 建立数据治理体系（数据政策、数据标准、数据管理流程、数据管理组织等），提升数据质量，是数据驱动数字化转型的落地保障。
- 数据安全与企业的生存和发展密切相关，要从防泄密、防攻击、防特权和安全运营例行化四位一体的需求出发，从云、管、端建立立体的数据安全体系，铸造数字化护城河。

数据驱动："数"出一孔，"数"出精彩

"数据驱动"的核心目标是数据驱动决策，即基于事实和实际数据进行科学管理的变革，改变原有的凭直觉或个人灵感进行决策管理的模式，从定性管理转变为定量管理。

在流程驱动数字化转型阶段，我们理解了流程通则业务通的含义。流程通解决了业务运作效率的问题，通过业务的重构和流程数字化实现了业务在线，使企业管理更为扁平化、流程化，企业犹如修缮一新、管理有序的大江大河，欣欣向荣，滔滔不绝，汇流到海。然而，流程驱动数字化转型只解决了以客户为中心的业务转型和业务在线问题，仍然有许多涉及跨领域、结合部的复杂问题需要进一步解决。

华为办公会议（EMT 会议）曾经指出："公司多年来一直在学习和引进西方公司的管理体系和管理流程，如 IPD、ISC、LTC、IFS 等，引进这些流程时，由于当时认识、能力、适配等原因，实际上做了一些舍弃。"在流程驱动数字化转型阶段，我们采用的重要策略之一是不追求完美，集中力量打通主航道和主干流程。由于认识和理解的不足、能力和资源的不到位、变革准备度和时间上的不充分以及策略上的考量，实际上，我们要做很多的取舍，业务规则等配套机制也不健全；随着业务在线和流程数字化的推进，这些取

舍和问题，会成为新的断点和低效点。同时，跨流程领域之间、企业上下游生态协同层面是这一类问题的多发地带，存在业务不集成、数据不能共享、齿轮适配不好等新的痛点。

记得在华为研发体系 IPD 变革推进的早期，由于存在预见性不足以及各种各样的认识和环境局限，我们对产品数据的关注不多，尤其没有对底层的产品结构、编码扩展性和配置规则等面向未来业务流完整地梳理和设计，导致 IPD 变革前期的数据比较凌乱，此后根据数字化的推进，我们又对 IPD 领域进行应用改造和重构，以此拉通数据流。产品数据全链条的拉通，涉及面非常广，加上华为产品非常复杂，华为在数字化转型的很长时间里，其实投入了大量的精力和资源，反复对产品数据、产品配置进行变革和业务转型。

华为 IPD 变革数字化方面的教训告诉我们：第一，在数字化转型中，数据工作非常重要，在每个阶段都要重视数据流的拉通和数据问题的识别、改进；第二，在流程驱动数字化转型阶段，对数据的拉通要保持平常心，不要追求完美，那个阶段的数据问题还不是瓶颈问题，否则欲速则不达。数据总是有取舍的、被局限的、不完美的、不彻底的，它只能随着数字化的演进而慢慢得到治理，需要我们持续地变革、优化和改进。

这些持续改进的目的，是进一步提高流程运营的质量和效率，而质量和效率的抓手，就是流程与数据。华为内部达成的共识是，流程通的根本还是**数据要通，"数"出一孔，才能"数"出精彩。**

流程通的焦点在于业务流上的通，我们在业务逐步疏通之后，大江大河中的水越来越多，交易产生的数据才能源源不断地进入我们的视野。一个重大的转变是，数据已经成为非常重要的组织资产。在这样的背景下，要保证数据质量和数据资产的有效运用需要特别关注以下两个要素：①数据质量，即数据必须基于业务事实的客观业务反映；②数据资产，即数据资产的有效运用是让数据增值，让数据产生更大的竞争价值。

在数据驱动数字化转型阶段，企业已经具备足够的基础来关注数据质量、数据全链条贯通、数据的可视化、数据大平台的建设、共性业务大平台的建设、业务的平台化和集中化等。

在这个阶段，我们有需要也更有精力在数据运用、数据价值挖掘和数据质量管理上下功夫；加强数据治理，推动企业基于数据的业务经营管理，让企业的管理更上一层楼，使企业真正走向数字经营的新高度。企业通过数据治理掌握业务的本质，让企业的管理化繁为简，是企业数字化的内在需求。

综上所述，我们认为，**数据驱动数字化转型的本质是实现基于数据和事实进行科学管理，表现为"数"出一孔、经营数据可追溯、经营预测可信赖。**

基于以上认识，数据驱动数字化转型阶段的任务是，以企业内外部全链条数据为主线，更广泛地拉通业务流程，构筑全流程共享服务平台，消除数据孤岛，建立数据治理体系，确保数据在全流程中的高质量、安全、共享和有序流动，对数据资产进行有效的管理和价值挖掘，提升业务的数字经营能力，构筑企业的战略竞争优势。

从客户主数据治理看企业如何实现"数"出一孔

　　所谓主数据，是指在业务运作过程中作为主体存在、变化相对较小但使用频率非常高、跨多个业务和多个 IT 应用使用的数据实体。主数据不是库存、账单这类业务交易数据，也不是像国家、币种这样的基础数据，而是那些必须在各个系统间共享、具有高业务价值的业务主体数据。华为识别出来的主数据包括客户、产品、供应商、组织、财经编码会计科目表等。笔者以客户主数据为例，谈谈主数据治理，希望能为读者抛砖引玉，窥一斑而知全豹。

　　"以客户为中心"是华为最核心的管理纲领，客户永远是华为之魂，所以在华为的所有业务或管理领域，客户是永恒的主题词。此处列举几个具有华为特色的例子。

- 营销：要虔诚地对待客户；

- 产品研发：产品发展的路标是客户需求导向；

- 服务：客户满意是衡量一切工作的准绳；

- 流程 IT：要以客户为中心、以一线为起点端到端梳理和建设流程；

……

　　在数据资产和数据管理中，客户数据是企业最重要的主数据之一，客户数据的质量直接影响数字化转型的质量和业务数字化的最终价值。

华为对客户数据的重视，可以追溯到数字化转型之前的 1996 年。当时，华为的客户数据系统主要用于给客户发送营销资料，如华为内部刊物《华为人》报等。由于客户数据经常出错，客户数据的准确率不足 50%，任正非不得不自己亲自来抓，他对市场主管们说："客户数据很重要，你们不重视，我亲自来抓，因为这是公司生死攸关的事。"

为什么客户数据的治理工作这么难？其中，主要有几个原因：其一，华为强调普遍客户关系，现在的小客户未来可能就是大客户，潜在客户、普通客户和大客户都要被纳入客户管理和客户服务，因此客户数量大且增长迅速；其二，客户数据在不同业务领域不同维度的需求差异大，录入节点多、种类多，例如销售合同常常对接的是集团客户，生产物流对接的往往是分/子公司和区域客户，财经服务（款项往来、信用管理等）对接的是所有法人；其三，客户与客户之间存在很多钩稽关系，基于华为市场和客户的特点，一个集团客户下面有很多个法人客户、区域供应链客户，信息甚是纷繁复杂。

虽然华为很早就有独立的客户数据管理系统，制定了统一的客户编码、客户数据管理流程等，但由于数据治理能力和架构管理能力的不足，华为许多外购应用并没有把客户数据系统中的数据作为唯一的数据源，系统集成不够、数据随意被修改，随着上线的数字化应用越来越多，客户数据存在的问题被逐步放大，其中最严重的问题有如下几项。

- 客户数据的结构和编码不能有效支撑多业务群、多维度的业务需要，数据要素不完整。

- 客户数据没有在全链条中进行严格管理，引用客户数据的系统与源头数据的定义不一致，非源头系统仍然存在违规多头录入和与原系统不集成的问题。

- 系统存在许多错误数据或垃圾数据，数据管理责任不到位，数据没有及时清理和维护，这造成了源头数据不准、数据质量不高等问题。

为此，华为成立了专门的"客户数据管理与服务化工作小组"，围绕客户数据质量，对客户数据的管理进行更为彻底的优化，主要包括以下 3 项工作。

客户数据结构重构

华为质量管理的理念，是指在设计中构建质量优势和成本优势。客户数据的质量提升，也应该把质量要素体现在设计之中。鉴于原有单一结构的客户数据结构难以满足多业务板块的要求，华为对客户数据的结构进行重构，按照两层架构来管理，第一层为客户主体（account），主要用于市场营销、销售和经营分析，不用于合同签约；第二层为客户法人实体，是签约主体，可以根据业务群的需要进行增减设置，从全链条各环节的客户数据需求出发，清晰定义好相关维度的数据要素和维护规则，确保"一点录入，全链条共享"。

明确数据管理责任，定期进行数据清理

在第一项工作的基础上，华为进一步明确客户数据的主体维护组织为 LTC 流程负责人。责任人要依据新的客户数据编码规则，对客户数据进行全面清理，严格按照新的维护流程对客户数据的增删改进行管控，并组织制定客户主数据的质量评价指标，例行监控数据质量的改进。

推动数据服务化

华为对客户数据进行集成服务化改造,设计客户数据服务接口,为上下游提供数据共享和调用服务,确保全流程客户数据的实时性、准确性、完整性和一致性,这大大提升了客户数据质量,为一线业务的经营分析、内外部遵从和客户价值持续挖掘打下了坚实的基础。

任正非说:"我们要学习'蓝血十杰',对数据、对事实要有崇拜,根据数据和流程来综合管理。"华为在数据驱动数字化转型阶段,一直非常重视主数据的质量提升。因为华为很清楚:主数据一旦错误,后续带来的负面影响将被指数级放大。

正因为华为把主数据的治理作为数据治理工作的重中之重,华为才能够前瞻性地制定主数据编码体系,严格落实主数据唯一源头及相关管理责任,在业务主体建立相应的数据运营组织,对数据准确性常抓不懈,通过"严控两头"(输入端、输出端)和"数据标准化",构建高质量的主数据质量体系,为主数据在数据驱动数字化转型以及后续的智能驱动数字化转型阶段发挥更大的作用,打下了坚实的基础。

聚焦全流程数据链，端到端拉通交易数据

我们认为，基于数据和事实进行管理的基础是实现全流程业务数据的完整、实时、准确、共享，并最终实现数据背后的业务价值可视化，能够支撑业务的基本决策分析和业务洞察。华为集成财经变革子项目——客户采购订单（Purchase Order，PO）打通项目就是一个交易数据拉通的好案例。

2008 年，华为海外业务已经处在高速增长期，业务的快速发展给合同履行带来相当大的困难。

其一，由于华为的项目大部分都是类似整网建设的大项目，合同履行周期长，金额大，合同变更频繁。从研发到供应链再到交付服务，链条长、工期紧、协作交付难度大，导致经常出现发错货、供应不及时、项目窝工、延期、项目回款慢等一大堆问题。比如合同上载周期平均长达 16 天，影响合同履行准备及交付的及时性，造成空运比例加大及成本大幅增加。

其二，合同配置信息未打通，触发 + 开票周期长达 30 天，对利润及现金流影响很大。

其三，一线反馈，他们常常要花费 70% 的精力与后方部门协调和沟通。比如客户经理、交付服务经理，他们把大部分的时间都花在了解各环节的信息沟通上，与后方研发对齐需求、了解产品研发进展、督促研发按进度交付

产品版本，了解和催促生产、物流运输等供应链进度等。

这些问题的存在已经严重影响一线业务的效率和客户满意度，成为急迫需要变革的重点。恰好在彼时，集成财经变革第一波项目的业务设计初步完成，进入实施落地阶段。公司要求 IFS 变革成果尽快在一线落地，不求全面，不求完美，能优化多少就尽量落实多少。

根据 IFS 变革项目组在一线的调研和分析，以上现象产生的原因主要源于 3 个问题：合同信息打通、客户采购订单处理效率、财经开票效率。而这 3 个问题中最为核心的是合同信息打通，因为其他两个问题的解决在很大程度上依赖于它。

对华为来说，合同信息从原来的单一大合同，逐步演变成"框架合同 + 客户采购订单"模式，在框架合同下客户发出多个小的采购订单成为趋势，越来越普遍。在这个大趋势下，华为认为，企业的竞争已经不单纯是技术层面的竞争，而是交付能力的竞争，而新的交付能力更多地依赖数字化管理能力。解决交付能力的关键是合同信息的打通，这可以被理解为，合同信息的打通实际上是要实现客户采购订单的全流程打通。

任正非要求流程 IT 管理部门，"要抓住主要矛盾和矛盾的主要方面，目前的主要矛盾是客户采购订单的全流程打通。你们不能面面俱到，也不要面面都做到最优，要集中在客户采购订单全流程打通这个问题上下功夫，这是最重要的事情"。打通不仅是要把业务流打通，更要把数据流打通，只有真正被业务所使用的 IT 和数据才是有价值的 IT 和数据。

于是，"采购订单打通项目组"肩负 IFS 全球推行落地的重任，汇聚变革、流程、IT、供应链、市场、财经等各路骨干力量，对业务流进行端到端的梳理，从产品配置维度、组织维度、数据管理维度、IT 应用维度等全方位进行断点和痛点识别，最终提出了围绕合同信息的一点三要素（合同基本信息＋合同金额、条款、配置）整体性解决方案。

产品配置维度

在产品配置维度，华为推动了产品物料清单和客户采购订单的自动转换，解决从客户采购清单到销售清单再到生产清单的匹配不一致问题，确保前后端数据的一致性，同时减少全流程 7 个环节大量的手工数据转换和审核，大大提高了一线的工作效率。

组织维度

在组织维度，华为落实了 IFS "基于流程设立合同基本信息管理责任主体"的组织建立方案，建立综合性的合同支撑平台，即"合同管理及履行服务组织"（CSO 组织），对合同履行全过程进行支持和管理。该组织具体负责管理合同交接、合同信息录入与发布、实施订单验证、提供支撑收入确认的信息和文档、开具发票等工作，并对端到端合同履行进行监控，保持与客户的沟通。华为通过该组织确保了合同信息在源头的准确性，以及在合同管理、备货发货、交付履行、收入确认、开票、回款等所有环节的准确传递和运用。

数据管理维度

在数据管理维度，华为明确了数据责任制，建立了必要的数据规则，以此加强数据治理。明确产品配置的数据责任人是产品体系的负责人，管理责任主体是产品数据部；明确合同信息的数据责任人是销售服务体系的负责人，管理责任主体是 CSO 组织；明确开票信息的数据责任人是供应链体系的负责人，对相关数据的准确性、完整性负责。另外，华为设置了合同中数据的业务规则，比如为客户采购订单建立"最小采购订单"的概念，因为一个采购订单走一遍流程的成本大概 3000 美元，因此，华为规定最小采购订单不能小于 3000 美元等。

IT 应用维度

由于系统上线的时间不同以及业务方案不可能一开始就很完美，华为在落地过程中一般都是采用"统一规划、分步实施"的策略，因此数据流有断点是普遍和难以避免的现象。合同业务流涉及 14 个系统，我们发现系统之间有 11 个数据断点，为此，一方面，我们采用版本火车的方式，把全链条上相关应用的版本计划协同起来，上线推行后实现了合同处理全流程业务无重复点，数据无断点；另一方面，为提升一线的数据决策分析能力，采购订单打通项目组同时推出可视化经营管理平台，把合同信息可视、业务经营实时数据推送作为 IFS 最重要的数字化经营工具在全球范围内全面推行，提升了信息的及时性和可获得性，大大减少一线的内外沟通时间，极大地促进一线经营水平和决策效率的改善。

通过一年的努力，采购订单打通项目的所有 IT 系统版本正式上线。上线后，一线业务相关的各项指标得到明显改善，比如把客户采购订单开票到回款周期从平均 25 天缩短到 5 天；随着客户采购订单数量的增加，全流程的采购订单处理成本下降 40%；而最为关键的是由于合同交付过程的信息实现了全流程可视化，一线铁三角（客户经理、解决方案经理、服务交付经理）可以有更多的时间服务客户，而不是把时间耗费在与后方部门的信息沟通上。从此，一线真正可以落实以利润为导向的项目预核算经营部管理模式，也因为有了数字化这个帮手，让一线呼唤炮火的经营管理理念逐渐落地。

小结一下，华为采购订单打通项目的成功落实对其他企业的数字化转型具有以下 3 点借鉴意义。

第一，基于数据和事实进行管理的基础是拉通全流程数据，消除数据断点。

在流程驱动数字化转型阶段，主流程是否畅通是主要矛盾，而建设过程中出现数据流不畅通、有断点和低效点是必然现象，是次要矛盾。所以任正非经常说，IT 要聚焦建高速公路，在出口或衔接部 IT 无法支撑时就采用手工作业的方式，多增加点人力，靠人拉肩扛先顶下来。

到了数据驱动数字化转型阶段，各业务领域基本上实现了数字化在线，这时的重点就是如何把数据流（尤其是跨流程领域的数据流）全链条拉通，并反过来进一步优化业务流程，所以需要以关键数据为主线，从流程、组织和 IT 等不同维度分析数据管理和数据应用中存在的问题，并展开相应的流程改进和数据改进。在采购订单打通项目案例中，华为以合同数据为数据主线，从机会点到回款全流程实现数据拉通，它横跨研发、供应链、销售、服务和财经等多个流程领域，与这些流程领域相关的所有应用系统，既要解决数据定义等源头问题和各环节数据的准确性问题，也要解决数据应用、共享的业务规则、业务流程优化等问题。

全流程的数据拉通需要建立多系统的版本火车同步上线模式。数字化转型要切实做好 IT 系统产品化、产品版本化的流程和运作，针对跨产品、全链条的拉通需求，需要做好关联产品的版本管理，采取火车拉动的方式，实现相关产品版本的联动。

第二，只有重视并实现数据拉通后业务经营可视化，才能给业务带来更大的收益。

在数据驱动数字化转型阶段，除了聚焦数据流层面的交易信息和业务数据，还必须把数据利用和价值挖掘作为另一个重点来抓，只有让业务人员看到和体会到数据的价值，业务人员才愿意投入资源和精力去梳理、优化、拉通和完善数据资产，数据驱动的效果才能持久。

第三，数据驱动要最终落实到数据的管理责任机制上。

我们把数据作为公司资产来看待，在主数据和关键数据层面，需要建立专职的数据管理组织，比如 CSO 组织，其核心职能就是作为合同信息全流程集中共享中心为业务提供端到端合同信息服务的组织。

同时，我们要特别关注跨流程领域的数据管理责任的落实，确保所有数据都有责任主体，确保数据在进入系统时是及时、准确和完整的，要把数据管理的目标落实在相关责任主体的日常工作当中。

构建平台化共享服务，支持一线呼唤炮火

相信读过美国学者斯坦利·麦克里斯特尔（Stanley McChrystal）等人撰写的《赋能：打造应对不确定性的敏捷团队》一书的读者对这句话有印象："你不会成为美军，但你一定需要强悍如美军的团队！"

2006 年，华为苏丹代表处因为丢了大订单，代表处负责人彭中阳组织华为苏丹代表处团队复盘，最后借鉴美军的"铁三角"模式创造性地提出了华为的前端"铁三角"+ 后方"重装旅"的模式：前端组织小而精，便于灵机应变，流程简洁高效；把专业的服务能力抽取建立为共享服务平台（两级布局＝总部机关平台级 + 地区部平台级）。这一模式在华为苏丹代表处的试点成功之后，立刻被推广到华为全球 16 个地区部 180 个代表处，这才有了后面任正非"一线呼唤炮火""把指挥所建立在听得见炮声的地方"等被业界广为传颂的名言。

我们很多人往往只看到前端"铁三角"的敏捷，认为很"酷"，没有看到后端"重装旅"的平台化和专业化力量。当我们真正完整地把这种管理模式的变化运用到企业数字化转型中，其实更重要、更具挑战的是后端力量的构建——如何让数字化使能平台化和共享服务。

平台化管理模式，就是把企业共性的资源、流程、业务能力整合起来，

以共享服务的方式让前端——面向外部客户或者更靠近外部客户的内部客户使用起来更为灵活，更专注为客户创造价值。在使用这种管理模式时，数字化转型让企业如虎添翼——通过数字化，实现共性能力平台化，专业业务共享化。

真正的挑战在哪里呢？结合笔者在华为的经验和业界企业实践可得出结论：其挑战是基于原有经营模式，如何规划和落地企业级共享能力！

笔者曾经与一位大型企业的领导交流，他希望我们指导他们开展数字化转型，想看一看华为的经验能不能复制到他们集团。交流后发现，他们集团之前做了很多合并，下属公司基本上还是独立运作，属于财务投资型管理模式，他们最近考虑在战略上进行协同，走向战略管控型模式。笔者开玩笑地说："你们下属公司之间的业务，如果没有什么业务协同或资源共享的迫切需要，集团层面就不需要搞数字化转型了。"许多集团型企业的分/子公司合并之后，如果在业务层面没有做到有效整合，还是各自独立运作，集团层面数字化的意义会大打折扣。

2013年，美的集团数字化变革的早期，方洪波就提出"一个美的"的理念，着眼点就是打通流程、打通IT应用，搭建集团级能力共享平台。

2014—2015年，笔者在万科集团做咨询顾问项目的时候，给郁亮的建议是要"做厚平台、拉通客户"，其背后的逻辑也是平台化共享服务。

华为非常注重平台化共享服务的构建工作。有一次，任正非在内部给干部们讲过"平台"这个词的来源。从前，钳工通过翻砂做出长宽各几米、有一定厚度的台，中间打了很多防止应力集中的孔，经过数年露天的风吹日晒让应力释放，再磨平加工，再置露天风吹日晒，释放再加工的热应力。多次反复操作后，以这个平台为基准做各种零件，用于测量直角、弯角及所有零部件尺寸，尺寸就非常精准了。大部分华为人是理工科出身，理解任总讲的这个故事没什么困难，但这对非理工科的部分读者来说，可能还是有点深奥，我们再通过几个例子看看华为是如何打造平台化共享服务的。

通过数字化，华为把一些共性的业务平台化、专业化，以共享的方式服务前端、服务客户，实现集团平台部门向赋能型组织转变。华为的职能组织基于数字化平台，全面推广"共享中心＋业务伙伴"的组织模式。从 1998 年数字化转型开始算起，经过 10 年的努力，华为在组织层面致力于将大量分散的职能集中起来，建立起涵盖财务、人力资源、供应、采购、法律、安全事务等多个不同类型的全球共享中心。这些共享中心集中提供与集团职能相关的专业业务，降低了运作成本、大幅提升服务质量，同时也为监控设计和风险管理提供了数据整合的平台，更重要的是，面向客户的组织可以更专注于"多打粮食"、多为客户服务。

举个例子，华为集成财经服务（IFS）变革项目，是华为公司财经管理变革和数字化转型的最关键项目之一，由时任华为公司副 CFO 的孟晚舟亲自担任项目经理。

IFS 项目第一阶段有一个关键子项目：财经共享服务。2007—2009 年，华为在 IBM 的指导下，完成了全球集中支付中心（设立在深圳）和全球七大财务共享服务中心（后来合并为六大中心）建设。

其中，"财务共享服务中心"（Financial Shared Service Center），是将华为

分布在全球近 200 个国家及地区的各分支机构的共性或事务性的功能（如会计账务处理、财务报告、关联交易等）分区域集中起来，统一体系规范，按照 7×24 小时循环结账模式，以最快路径支撑全球财务核算和获得经营数据。

孟晚舟在 2017 年新年致辞《却顾所来径，苍苍横翠微》中谈到下面这段话，我们从中可以感受到财务共享服务中心的巨大能量。

账务核算已经实现了全球 7×24 小时循环结账机制，充分利用了我们共享中心的时差优势，在同一数据平台、同一结账规则下，共享中心接力传递结账作业，极大地缩短了结账的日历天数。24 小时系统自动滚动调度结账数据，170+ 系统无缝衔接，每小时处理 4000 万行数据，共享中心 7×24 小时循环结账，以最快的速度支撑着 130+ 代表处经营数据的及时获取。全球 259 家子公司均要按照本地会计准则、中国会计准则、国际会计准则的要求，分别出具三种会计准则下的财务报告。还有，按产品、区域、BG、客户群等维度分别出具责任中心经营报告，这些报告都可以在 5 天之内高质量输出。

华为财务共享服务中心的建立和网络的完善，实现了区域财务核算的集中处理，加强了公司总部对全球业务的财务控制，便于更好地进行财务管控、资金管理和集中监控。在此基础上，各区域财经可以更聚焦与业务一起经营分析、经营改进，持续推动流程的标准化与简化，大幅提升了财务流程的运行效率和精益管理水平。

华为打造平台化共享服务，除了财经体系的 IFS，还有如下成功案例。

销售体系的全球投标共享服务中心是华为管理变革和数字化转型项目从线索到回款（LTC）的重要成果之一。有了投标中心，一线就可以把许多事务性、合规性的工作交给系统和后台，自己专注于客户层面的工作。

供应链体系的全球供应链（GSC）变革大交付概念落地后，在全球建成五大供应服务中心（设立在匈牙利、波兰、巴西等地）。以欧洲地区供应为例，一个匈牙利供应服务中心就能把欧洲及北非很多国家的生产商纳入供应圈，能够保证客户确认订单后两周之内的及时供货。

……

其实，当我们的思维和视野再扩大一点，把共享的对象从"物"转向"人"，华为分布在全球的 16 个研究所，如印度软件研发中心、俄罗斯算法研发中心、日本工业工程研究中心、瑞典无线系统研发中心、英国 5G 创新中心、美国新技术创新中心、韩国终端工业设计中心等，就是在吸收全球最聪明的大脑为华为服务，构建平台化共享服务。华为更是把这个共享理念扩展到客户层，与全球客户一起建立超过 36 个联合创新中心……

在华为数字化转型的过程中，类似的平台化共享服务例子很多，数字化促使很多原来不能为、不敢为的业务运作模式成为可能，甚至成为必然的选择。这也是我们反复强调，数字化转型的本质是业务转型、管理变革、流程重整的关键原因之一。

华为在管理上有一个"云""雨""沟"的哲学观：管理哲学就像天上的云，云一定要下成雨才有用，"雨"就是公司的经营活动，雨水一定要流到沟里才能发电，才能有效利用起来，"沟"就是我们的管理平台，所以一定要重视"沟"

的建设。在数字化转型中，推动业务管理平台化、平台共享化就是实现这个大平台体系准确、有效、高质量运作的重要工具和手段。

因此笔者建议：体量稍微大一点的集团型企业，在思考数字化转型战略和目标时，必须认真考虑和研讨的一个关键词：**平台化共享服务**。我们必须推动企业成为赋能型组织，建立与业务发展需求相适应的、以客户为中心的共享服务能力，促使业务在数字化转型过程中获得更大价值，构筑更简洁的主干流程，实现更敏捷的客户服务能力，使数字化为企业创造出更持续的竞争优势。

建组织，定责任：华为数据治理体系经验

随着数字化转型的推进，数据量正呈现几何级的快速增长。大多数企业已经认识到，数据既是极具价值的重要组织资产，也是企业经营管理的基石。为此，如何保证数据及时、准确、完整地在企业内外部安全流动，以及如何更好地利用数据、分析数据和让数据服务化，如何推动数据治理、挖掘数据资产的价值，已经成为企业数字化转型的关键任务。

就像流程驱动数字化转型阶段要培养流程文化和应用习惯，在数据驱动数字化转型阶段，企业必须着力培养良好的数据文化和应用习惯——基于数据的生命周期管理的需要，企业必须建立与数据管理相关的策略、方针、政策、流程、规范等一系列数据治理机制，通过数据治理保障数据的准确性、可获得性、可集成性和安全性等。

企业的数据需要进行持续的数据质量监控和运营优化。数据服务一旦成为企业日常决策的主要管理工具之一，管理者随时随地获取到及时、最准确的业务数据就成为必然，而这背后需要完善的数据治理组织和基于数据负责人责任体系的数据管理能力。

华为的数据治理总体框架示意如图 5-1 所示。

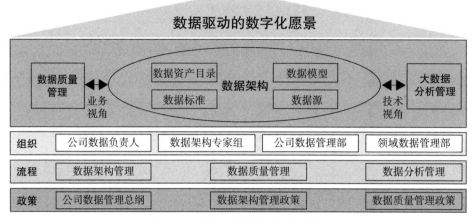

图 5-1　华为的数据治理总体框架

建立两层数据组织，确保数据治理井井有条

根据御数坊（北京）科技咨询有限公司《2021 企业数据治理现状调查报告》，近 75% 的大中型企业没有专职的数据治理组织和专职数据治理岗位。没有数据治理组织的企业，其数字化转型必然很难顺利展开。

华为集成财经服务（IFS）变革项目包含两部分内容：一是财经体系自身的变革和转型，如财务共享中心的建设、资金管理、税务筹划、财务风控等；二是基于数据流打通的业财一体化，确保数据准确是 IFS 的主要目标之一，即数据驱动的业务经营转型。因此，IFS 变革项目启动后，基于数据治理的需要，华为成立了公司数据管理部，这也成为华为数据驱动数字化转型的一个重要标志。

华为的数据治理组织分为两个层级：公司数据管理部和领域 / 体系数据管理部。同时，华为各项数据工作的推进也大量采用跨部门的矩阵团队，包含数据架构建设团队、数据服务推行团队、元数据工作团队等。

在华为的数字化组织中，公司数据管理部和公司质量部、公司流程部的角色类似，代表公司行使本领域的管理权——数据管理权。它主要承担三大职能：

- 制定数据战略，制定与数据治理相关的方针、政策、规则和管理流程；
- 对数据架构和数据标准进行管控，解决跨领域、跨流程的重大数据问题和管理争议，推动数据架构和数据质量的提升；
- 负责企业数据文化和数据经营能力的建设。

流程领域或体系层面的数据治理部门（有些可以只有专职岗位，不一定是部门），可以说是领域数据负责人的助手，也是该领域的数据管家。它的一项重要职责是协助数据负责人进行持续的数据质量监控和运营优化，包括该领域的数据管理机制的建设和数据质量的提升，落实"谁录入谁负责"的业务数据管理责任，施行公司数据治理的政策、制度和规范，遵从数据架构和架构在相关领域的落地，高效地解决业务数据问题。同时，开始组建具有业务背景的数据建模专家团队，把数据建模化和服务化。

沿着流程线，建立明确的数据负责人责任体系

数据是企业资产，就像有形资产一样，需要有相应的资产负责人。对数据管理而言，负责人责任机制的落实非常重要，是数据工作得以持续有效进行的基础。

数据的载体是流程，是在流程中流动的信息，当然也包括作为流程输入的外部信息或者作为流程外部延伸的生态链组织的信息。但是，很多企业在运作过程中，要么流程不通造成数据缺失和不统一，要么作为数据入口的流程质量没有被重视和没有遵从规则，使得进入流程的数据成为垃圾数据，因此陷入"流程通但数据无用"的困局。

因此，在华为，我们提出了"在哪里产生就在哪里录入，谁录入谁负责"的数据责任机制，把数据负责人和流程负责人结合在一起，明确各级流程负责人就是该流程领域的数据负责人。各流程领域的数据负责人负责统筹该流程领域的数据质量和治理优化，落实领域内各层级流程的数据治理责任，组织建设该领域的数据架构，实现该领域内关键数据的对外数据服务化。同时，每一个关键数据都有业务负责人，负责数据标准的制定、数据优化项目的实施、数据质量的管理、数据服务的提供、数据安全的管理等。

有了数据管理组织和数据负责人体系，华为的数据治理工作较早地走上了正轨，在顾问的帮助下，引入数据治理的方法论和数据治理框架，逐步构建起华为数据管理体系；推动在流程数字化基础上的全链条数据质量提升，包括数据标准、数据规则在内的数据架构得到很大的改善，数字化平台之间的架构集成变得更加易于管理，这大大提升了企业整体从客户到客户的端到端业务运作效率和敏捷性，也有效地落实了华为"用数据管理风险、寓监控于服务之中"的治理理念。

我们可以从华为公司数据管理部某个年度规划的重点工作，感受数据驱动数字化转型的主要工作。

（1）数据管理的总体思路：继续围绕主航道展开数据打通。

（2）从数据管理平台、主数据、业务交易数据、指标报告 4 个数据管理层面进行目标规划。

- 数据管理平台：建立元数据管理平台和数据质量检测平台，夯实数据治理基础。

- 主数据：建设主数据集成服务平台，实现更高效的主数据集成服务和架构管控。

- 业务交易数据：以各业务板块为主体，实现从线索到回款主业务交易数据流贯通，落实各主体的数据质量运营管理机制，支撑业务高效运行、数据可视、风险可控。

- 指标报告：以推进财经可视化经营数据分析报告体系为目标，实现业务到财务的一体化，并"以终为始"，通过财务数据推动业务流程和业务数据的改进。

数据安全：打造企业数字化护城河

企业数字化绕不开数据安全。

2021 年 5 月，美国最大燃油公司科洛尼尔管道运输公司遭到黑客攻击，导致 5500 英里[○]输油管系统被迫停运关闭，引发美国东岸 18 个州燃油供应受到严重影响，美国的网络公司和警方对此束手无策，美国东岸陷入燃油供应危机。最终，科洛尼尔公司向黑客组织妥协，支付近 500 万美元（约合人民币 3220 万元）的赎金以恢复被攻击的系统。美国政府相关部门表示，这次黑客攻击事件凸显了网络攻击的巨大威胁。有关网络安全专家分析，造成此次攻击的安全漏洞源头是公司员工在家远程办公，远程访问输油管道控制系统后导致账户登陆信息泄漏所致。据悉，科洛尼尔公司有近 100GB 的关键数据遭到窃取，再次验证了数字化世界的脆弱性。

数字时代，一切皆数字化，万物均连接，数据已经无处不在。在数据必须流动和共享的背景下，数字化为企业带来无限发展机遇的同时，也产生了大量的网络攻击、信息泄露、商业入侵、病毒威胁等网络安全与数据安全风险。无论过去还是现在，抑或未来，如何更安全地运用数据，实现高效安全

○ 1 英里 =1.61 千米。

的企业数据资产管理，应该一直是我们需要绷紧的一根弦。

值得说明的是，从严谨的角度来看，数据安全和信息安全存在一定的区别，但在具体执行落地上，又往往是分不开的，因此本书阐述数据驱动数字化转型时，更强调它们之间的共性，把这两者作为等同含义的概念来交替使用。

保证信息安全，加强信息安全管理体系建设，筑牢数字化的基座，方能为企业安全运营保驾护航。

华为的数字化实践表明，信息安全不是简单的安全产品堆砌，而是企业数字化发展中极其重要的体系建设，这是包括管理理念和云管端安全技术等融合的立体式安全工程。许多企业对信息安全的重视度不够，IT 部门也只是在数据中心部署一些安全防护产品了事。比如，我们经常看到一些企业 IT 部门用几道防火墙来做隔离防护带，防火墙基本上只能感知已知的危险，要防御有预谋的针对性攻击或利用未知漏洞的威胁方面则是远远不够的。即便如此，很多企业的电脑端、移动端等几乎是全开放的，就如同在广袤无际的草原用几根篱笆筑了羊圈圈住羊，而所有通往羊圈的出入口都是毫无防备的，而周围都是伺机扑食的狼，这样的后果可想而知，毫无安全可言。

华为信息安全的目标就是要保障信息的一致性（consistency）、完整性（integrity）、可用性（availability），即 CIA。只有从管理和云管端技术两个维度着手构建符合企业自身需要的信息安全管理体系，才能充分保障企业数据资产的安全，才能合理管控企业运营风险。

建立业务信管和专业技防相结合的信息安全管理体系

随着企业数字化加深和全球化竞争的加剧，网络环境的不安全因素会越来越多，因此，信息安全工作必须常抓不懈，而建立常设的组织和明确的安全管理机制是实现常抓不懈的最有效途径。

华为分别从业务和技术维度建立了信息安全部和技术安全部。

信息安全部面向业务，主要从业务管理角度制定信息安全政策、策略方针，推动业务领域的信管职责的落地和信管工作的落实，负责安全审计、重大事件的追踪调查。在业务领域设立专职或兼职的信息安全专员，负责监督本领域信息安全制度规范的建设和落实公司信息安全的管理要求，监控本领域信息安全的状况，并协助信息安全部进行审计调查工作等。信息安全需要有统筹全局、与各业务一把手对话的能力，把信息安全部独立出来，赋予它直接向公司总裁汇报的通道和权力，是把信息安全工作上升到业务运营安全的高度来对待，对它充分授权。

安全无小事，尤其是现在的商业环境非常复杂，商业间谍、商业贿赂、知识产权纠纷等乱象频发，企业领导者需要对安全进行全方位的关注，发现管理漏洞、降低信息安全风险，技术实现只是其中的一个环节，还需要从业务和管理上（如监督、审计、流程优化等方面）全方位提升信息安全水平。

技术安全部主要从技术防御的角度落实公司信息安全战略，负责云管端安全技术体系的建设和安全技术智能监控等。

除了设立以上两个部门，大型企业很有必要设置首席信息安全官和信息安全监督委员会，从公司战略管理的高度推进信息安全文化、政策、管理体系的制定和落实，统筹管理信息安全组织框架、信息安全政策框架、信息安全运行框架、信息安全技术体系和信息安全能力建设。

组织建设专业能力不足是很多企业普遍存在的问题。华为采取的办法是要积极引入外脑来提升组织专业能力。需要指出的是，信息安全与企业的安全运营甚至生死存亡息息相关，不是单纯靠一两个专业的机构、组织或者几个人就能够建设完成的，需要公司上下全体主管和员工共同努力，加强信息安全教育和文化建设，因为"堡垒往往是从内部攻破的"。华为从新员工入职开始，就对其进行信息安全和商业行为准则的培训，告知员工信息安全的红线，帮助他们树立安全意识。

核心数据资产安全优先，非核心资产效率优先

在信息安全上要学会"灰度"。华为的管理哲学一再强调"灰度"，对信息安全领域来说，就是要防止过度防御，一定要明确防范谁（fight who）和防范什么内容（protect what），要坚决避免没有轻重缓急的一刀切式的防御方式。

华为在信息安全建设的初期，犯过类似的错误。

当初，文档在存储、传递过程中由于缺乏安全控制措施，常常出现非法查看或者内容泄密，有时内部文件刚出来就被传到外部网络上，或者出现在竞争对手的办公室，对企业的经营造成不良影响。为了防止文档泄密，华为上线了一套文档加密系统，并嵌套到微软 Office 软件中。信息安全部制定了

文档加密的规定，要求文档创建者对文档安全负责，只有创建人授权才能访问该文档。在系统上线后，几乎所有文档都被要求加密授权访问，这种"一刀切"加密的结果是，文档无法在内部正常地合理流动。例如某位员工写了一篇工作总结上交主管，主管觉得不错，想把文档分享给部门其他主管和员工，但其他人没有查看权限，必须找到这位员工重新要授权。这样，内部工作效率大幅度降低，业务人员纷纷抱怨信息安全策略已经严重影响正常工作。

为此任正非及时对信息安全工作进行了纠偏，指出要从关爱的角度实现监管，他说，"我们是为了开放，才搞信息安全，只有需要的人看得到他应该看到的东西而在内部更加自由宽敞才叫信息安全""我支持内部开放，要加强内部开放，只重点防护核心资产"。

后来信息安全部门重新调整了安全策略，只针对机密级资料和绝密级资料进行加密，明确要求其他文档不允许加密；同时机密级资料和绝密级资料的加密策略也进行了大量简化，在安全和效率上找到新的平衡点，业务效率问题得到了较好的解决。同时，为了防止这类问题再次出现，公司把"协同工作效率提升"作为考核指标纳入信息安全管理部门的关键绩效指标，以此约束信息安全工作必须时刻考虑效率提升，避免防卫过度。

企业要定义好信息密级标准，业务相关人根据密级标准识别数据的安全等级。企业需要根据信息的安全分级对不同等级的数据采取各自相适配的安全策略，以便在安全与成本、安全与效率上取得平衡。对于非机密文档要以效率优先为原则，对于核心资产的管理就应该以安全优先。比如，华为核心数据资产（如机密数据）的安全管理原则包括：核心数据必须加密存储，遵循最小化权限访问原则，数据访问需要获得审批并由该数据的机要岗位提供，原则上核心数据不纳入数据平台管理，因业务所需确实需要纳入数据平台的核心数据，必须经过脱敏处理并有专门的安全存放措施等。

可以说，对数据进行分层分级，是企业信息安全体系构建过程中非常关键且繁复的基础性工作，企业必须花大力气进行系统性识别，并实现日常化的运营管理。

内外兼顾，构建防泄密、防攻击、防 IT 特权和安全运营监控四位一体的安全环境

"攻不进、看不懂、拿不走、赖不掉"是华为信息安全的基本策略。基于这一策略，除了前面提到的核心数据资产须加密及最小化权限访问原则，从信息安全聚焦的核心内容来看，华为的信息安全策略主要表现在防泄密、防攻击、防 IT 特权和安全运营监控 4 个方面。信息安全工作抓两头——一头是人，另一头是数据。这就要求企业以业务安全发展为导向，以人和数据为天平的两端，内外兼顾，持续进行安全治理和体系化建设。

1. 防泄密

除了非常有针对性的商业入侵或政治入侵，信息安全事故的发生大多数是内部人员有意或无意造成的。例如弱账号口令问题是很多泄密的源头，文件打印和非法复制是故意泄密的主要途径等。因此，防泄密做好了，也有利于及时发现和有效阻止外部攻击。

为了防止泄密，所有需要访问网络和数据的内部员工、合作伙伴等，要

统一身份及鉴权管理、基于授权访问数据、实现所有访问留痕等，通过用户数据的分析建立基于角色和基于人的网络行为分析管理，对容易出现高频泄密事件的地方加强安全改进和安全监控，对用户的不合理行为进行例行化审计，防止内部泄密；同时，也要对机密数据进行加解密、部署信息防泄漏和云访问安全代理等机制。

2. 防攻击

企业可以通过对终端设备的安全加固、数据的存储加密、数据访问控制与防护、邮件安全检查、网络流量的感知实现全网安全协防，建立云防御屏障，强化企业的防攻击能力。

基于华为在全球的影响力，华为每天遭受到的攻击都有数万乃至超十万次之多，由于建立了闭环的防御体系，及时发现并成功拦截了许许多多重大攻击事件。比如有一次公司总裁办一位关键岗位员工收到钓鱼邮件，由于发现及时、成功拦截，没有造成损失；否则一旦入侵，将给华为带来泄露核心机密的重大风险。还有很多来自不友好地区或组织的攻击，都被技术安全部一一拦截，由此较好地保障了网络安全、关键数据资产安全和公司的运营连续性。

3. 防 IT 特权

防 IT 特权，具体是指规范 IT 运行维护管理，严格控制超级权限的使用和数据访问，加强审计，确保 IT 超级权限的安全管理。

许多企业还没有认识到防 IT 特权的重要性，但企业数字化转型后，由于保密数据已经数字化，如公司经营数据、产品价格和成本、公司产品路标规划、产品代码等，如果没有建立基于时间、地点和任务场景的特权使用规则，没有制定活动可追踪的安全措施，没有使用权和管理权的分离，就难以避免特权滥用的风险。华为或者我们在早期接触的企业中，类似的案例屡屡发生。我们不要试图挑战人性，在巨大利益的诱惑下，监守自盗的现象非常常见，不要在"不愿"上做文章，唯一可靠的措施是让拥有特权账户的人"不敢""不能"行事。

4. 安全运营监控

从信息安全发展来看，安全运营监控未来在安全监控领域会有更大的发展空间和潜力。华为建立信息安全集中大数据管理与分析平台以及 24 小时安全运营中心，将信息安全策略一致性检查、安全风险评估等日常安全管理例行化，将海量日志和安全事件的管理、监控、分析、预警和事后技术调查制度化。未来，运用大数据分析和智能学习等新技术，让信息安全可见、可知、可控，实现智能安全的目标，是规模化企业信息安全管理的主流趋势。

信息安全要有架构性思维，立足"云、管、端"构建立体安全防御体系

华为强调，信息安全不是某个部门的责任，而是公司重大的系统工程，要产生一批"仰望星空"的人，用架构性思维方法，从整体来看如何构建信息安全环境，如何在云、管、端各环节建立基于关键资产、精准防御的技术安全体系。

华为在数字化转型刚开始时就意识到，在全球化和互联网时代的背景下，华为的企业网络边界必须打开，终端也将无处不在，必须从终端、管道、数据中心、应用、数据等多个维度进行信息安全体系建设，单纯从一两个维度进行建设是无法满足现实需要的，因此任何漏洞，一旦被人突破，就很可能如入无人之境，造成门户大开。尤其是作为接入企业网络的设备，由于操作者是员工个人，不论有意无意，难免出现纰漏，所以必须重视接入端设备的信息安全管理，把毫无防范的终端武装起来，以便及时发现问题，尽早应对。

所以，华为对信息安全的整体性架构建设，就是从把信息安全的管理工作直接延伸到终端设备环节开始。在当年还没有适合的桌面终端安全管理软件的情况下，华为全力以赴自行开发了一套针对终端个人办公设备的桌面终端安全策略强制系统（Security Policy Enforcement System，SPES）。该系统，一方面将所有进入华为网络的用户都基于"人 + 终端"实现身份鉴权准入；另一方面，可以及时、统一为所有终端设备下发最新信息安全管理策略，并将所有接入公司的设备纳入安全监管环境。这套系统从 2004 年开始在华为的全球业务中大规模推行后，为华为的信息安全做出了巨大贡献，既可以防止外部攻击又可以通过检查发现内部泄密，还可以及时帮助员工在电脑上打上安全补丁弥补安全漏洞，也为实现全员审计、全设备审计打下了坚实的基础。华为的后续绝大部分边缘安全策略都是通过该系统实现落地的。这套系统在业界的影响力也很大，以至于后来许多企业到华为参访交流后想购买它，但华为没有计划把它商业化。

在桌面终端安全策略强制系统建设完成后，华为立体式的信息安全建设思路逐渐成形，通过后续的持续建设，包括关键数据资产的访问控制系统、IT 特权安全服务平台、安全打印管理平台等一系列的系统平台逐步上线（有一些是根据华为自身需要开发的，大部分还是采用业界成熟的安全方案），经过 4 ~ 5 年的磨合，基本完成了技术防御体系的搭建。

如今，企业迈入云时代。整体而言，上云后，由于环境更为复杂，企业更要把安全工作放在足够重要的位置。

因为云具有弹性架构，传统的信息安全防护手段（以硬件和区域隔离为主）已经无法满足业务敏捷化的需求。信息安全需要从静态物理环境防护转变为动态数字环境，但核心还是聚焦企业数据的安全，包括数据传输安全、数据存储安全、数据审计安全、数据恢复安全、应用权限安全等，尤其是核心数据，是否存放在足够安全的地方，是否存储加密保护，是否有严格的访问控制和权限管理，以及是否做到所有的访问都可追溯（如水印跟踪）。因此，在上云时，除了需要关注架构、功能、性能、成本等指标，企业一定要对数据安全方面设立标准和相应指标，进行事前评估确保安全达标，不要把这些工作的责任寄托于云服务提供商。

综上所述，信息安全的使命就是打造企业数字化的护城河。从华为的实践来看，信息安全是围绕降低业务运营的风险和保护公司数据资产开展的，坚持持续提升数据保护和安全运营能力，在安全建设中力求做好效率和成本的平衡。我们要在内部达成共识：没有绝对安全！从本质上讲，安全就是风险，以风险管理为基础，聚焦核心数据安全，处理非核心数据的安全时以效率优先，兼顾安全、效率和成本之间的均衡才是正确的路径。企业的信息安全体系建设要参照业界最佳，充分考虑相关领域 / 区域的管理成熟度和内外部法制环境，从防泄密、防攻击、防特权、安全运营监控 4 个维度端到端地构建安全管理围墙。最后，企业要建立覆盖全业务全流程的业务信息安全管理和网络技术安全建设运营的信息安全组织，在安全建设中持续投入。例如，华为每年在信息安全方面的投入是数字化总投资的 10% ~ 15%。真金白银的投入，是前端攻城略地、后院安全的坚定后盾，是公司长治久安的基石。

第6章

智能驱动数字化转型

〔本章精彩观点〕

- 企业数字化转型的终极目标，是成为万物互联的智能化企业。人工智能、5G、云计算、物联网等前沿数字化技术获得广泛应用，数字化不再是点状数字化，而逐步变成全面感知的"数字孪生"。

- 企业智能化，是数字化转型的高阶目标。智能的存在是为了支撑企业的运营效率，而运营效率主要体现在以下3个方面：流程效率、决策效率、人的效率。因此，华为当前在智能驱动数字化转型实践上主要聚焦于以下3个方面：业务流程场景智能、业务管理决策智能、人际协作智能。

- 业务流程场景智能的两个抓手：一是基于局部业务场景的特定作业无人化、智能化；二是基于全场景的智能制造。

- 业务管理决策智能：建立并运营智能运营中心，实现基于运营和预测的决策智能化，让企业拥有一个智慧大脑。

- 人际协作智能：企业需要构筑一站式智能协同办公平台，在提升流程效率、决策效率的同时，更加关注提升人的效率。

智能驱动：万物感知，全面智能

随着流程驱动数字化转型和数据驱动数字化转型的持续展开，数字化已经逐渐渗透到企业的方方面面，广泛应用于从研发到市场、从供应到服务、从流程到管控、从员工到客户等各个环节。IBM 对行业发展进行深入洞察分析后认为，随着人工智能、自动化、物联网、区块链、5G 和边缘计算的日益普及，这些技术力量的结合势必重塑企业的业务架构。我们把以人工智能为代表的新技术推动的企业数字化转型，统称为"智能驱动数字化转型"。

随着企业数字化转型的深化，企业会进入一个以"数字孪生"为目标的全业务数据感知阶段。智能的存在是为了支撑企业的运营效率，而运营效率主要体现在以下 3 个方面：流程效率、决策效率、人的效率。因此，华为当前在智能驱动数字化转型实践上主要聚焦于以下 3 个方面：业务流程场景智能、业务管理决策智能、人际协作智能。

业务流程场景智能是大量运用人工智能技术、物联网技术、5G、机器学习、视觉感知等新技术对业务流程进行少人化、数字化、智能化等替代，实现技术与业务场景深度融合，把基于实时数据分析的流程决策融入业务流之中，改善企业运营流程，提高流程自动化程度；精准满足客户的个性化需求，提升客户服务体验，降低客户运营成本和安全风险。

业务管理决策智能是基于大数据的智能分析平台，通过大数据和人工智能模型对数据进行深度智能分析和可信赖的业务预测，对未来的业务变化进行前瞻性的判断、预警，构建企业智慧大脑，推动企业决策前移，提升快速应对变化的能力，提高业务运营的精细化和敏捷化水平，增强企业的竞争优势。

人际协作智能是企业需要构筑一站式智能协同办公平台，在提升流程效率、决策效率的同时，更加关注提升人的效率。

在企业朝智能化发展的大趋势下，我们要强调的是，企业不能操之过急。目前的智能化还处于初级阶段，这体现在以下两个方面：一方面，数据采集的深度和广度还不够，产业数据、区域数据的拉通还有缺陷，大数据还需要较长时间的积累和沉淀，数据的噪声多，数据质量普遍不高；另一方面，智能硬件、物联网、5G 等技术的商用有待进一步发展和普及，应用于机器学习、数据挖掘的算法和人工智能技术还不够成熟。在大多数行业，真正发挥人工智能创新性价值的应用模式也非常少或者不成熟，大部分智能化产品的智能化程度还有很大的提升空间。

基于智能化初级阶段的以上判断，笔者建议当前的智能驱动数字化转型聚焦于可获得性的智能应用和渐进式推动智能化转型工程：一方面通过全面开展业务数据的服务化，进一步打造以企业数据湖和数据中台建设为主线的数据业务化和数据服务能力，实现业务智能化运营；另一方面，基于业务场景，利用人工智能技术，实现场景自动化、无人化和智能化的数字化业务，支撑企业业务面向未来，向敏捷军团作战模式挺进。

　　我们认为，对智能化的追求，是企业数字化转型的高级阶段，是企业在实现业务在线、数据共享可视的基础上，进一步运用 AI 技术、5G、云技术等前沿新技术进行的数字化升级优化，不再是点状的数字化，而是全面感知的"数字孪生"。

　　面向未来，我们相信数字化企业最终会走进全面数字智能世界。

业务流程场景智能：能感知，会思考，可执行，能进化

在全球数字化转型的浪潮下，企业数字化应用越来越深入，对新兴数字化技术的需求也越来越旺盛，以大数据、云计算、5G、物联网、AI 等为代表的新兴数字技术加速向各领域广泛渗透，不断催生新产业、新模式、新业态。

这种趋势给企业带来的最大特征转变是智能，是在人和机器之间数据智能化的自由交互和相互交融，尤其是 5G、云计算和 AI 三大新技术的广泛运用，将强有力地推动企业智能制造的升级转型。5G 技术凭借低时延、大带宽、广连接的优势，可以应用于各个行业的许多不同场景，典型的有大容量的数据采集和传输、高清视频的上下载服务、机器视觉、远程安全操作控制等。云计算作为其中重要的力量，将汇聚更加多样化的算力和应用，让政府与企业进入上云的快车道，加速产业的智能升级。AI 基于优秀的算法、海量的数据以及云端丰富的算力，将为各个产业带来巨大的变革。

我们在前面说过，现在的场景化业务智能仍然处于初级阶段，智能化仍然是离散的局部场景，试验性、特定条件的场景智能居多。技术的发展仍然有待进一步成熟，智能方案的系统性和复杂性都还不够，设备与设备、设备与环境、人与设备之间还不是全面的数字连接和交互，在智能化的深度和广度上还有很漫长的路要走。但从企业的数字化角度来说，企业不应该等待，

而应该从自身的竞争力发展需要出发，有节奏地开展智能化应用试点。

我们举两个例子来看看华为在这方面的努力：华为智能制造工厂和野外站点数字化作业。

第一个例子是华为松山湖智能制造工厂。

在制造、仓储、物流等领域，华为在数字化转型的各个阶段都会思考并采用成熟的智能化解决方案来优化流程、加强数据采集和分析。最典型的是华为在集成供应链服务变革项目期间建设的自动化立体仓库：高大的机器臂在摆满物料的多层仓储货架上根据订单自动提取需要的物料，通过自动传送带发送到制造生产线上，大大降低了大型仓储物流的人工成本，提升了物流管理效率，不过那时的智能还只是初级和局部的运用。

华为在 2019 年开始部署、到 2020 年建成投产的智能工厂，则是更大规模的智能制造新尝试。它采用 5G 覆盖、业务云化和 AI 控制等，初步实现了制造的智能化。

首先，华为运用 5G 技术实现工厂智能全连接。在传统的制造环境中最令人头疼的一件"小事"是布线，一个大工厂可能需要数千公里长的网络线路才能实现设备之间的互联，而采用 5G 技术可以省去这个既耗时又费力并且容易发生故障的网络布线工作，代之以更精细的定位（分米级）、低时延的 5G 广覆盖，轻松实现工厂智能全连接。

其次，有了全连接能力，华为就可以运用 AI 技术，把工业摄像头、机械臂、无人车、生产线等结合在一起，实现设备资产可视、设备运营监控、设备能耗分析、设备故障诊断以及智能物料定位、自动领料、无人车智能物流、自动质检等。比如在整条装配手机的生产线上，物料通过传输带被自动传到生产线上，机械臂自动抓取各种相关零件进行自动组装。

最后，通过智能分析平台，华为基于采集到的大量数据，将智能工厂的数据融入全球制造数据智能运营平台，利用 AI 算法进行大数据分析，实现对机器的预测性维护和对产品的智能质量检测，实现全球制造的在线监控、运营分析、制造可视、风险预警和远程指挥等。比如，在物料质量监控方面，华为通过打通与供应商的数据接口，从一开始就对物料质量数据有完整的了解，包括物料的供应商、生产批次、产品序列、生产日期等。在此基础上，华为运用智能数据算法，可以随时根据生产线产品质量自动检测并进行问题监控和快速自动质量溯源，实现快速改进，从而避免批量质量问题的出现或者重复发现类似质量问题。

第二个例子是网络站点工程交付的数字化、智能化。

华为的网络产品项目，交付的最主要单元是通信网络站点。在全球范围内，华为每年要向客户交付多达 300 万个网络站点。在这些站点的建设过程中，从站点勘测、设计到站点施工、检查、交付、验收等全过程都分别需要客户项目人员、华为工程师、项目监理人员、工程施工合作伙伴等反复去站点现场。在华为从事工程交付服务的员工都知道，这些站点主要在野外或高楼上，去站点现场以及在现场作业的难度很大。比如，通信工程建设中通信网络站点的信息非常关键，数据勘测不准会严重影响站点设计和交付质量，而多年来，这些站点的交付作业主要靠人工完成，路远、费时、费事、不准确导致多次返工；又如，站点工程交付后也需要工程师去现场检查验收，不仅耗费大量的时间，而且经常发生安全事故。如何减少上站点的次数甚至不上站就可以直接获取真实站点的数据和交付结果，是华为思考交付智能化的主要场景。

为此，华为抓住站点交付的场景，深化数字化、智能化运用。一方面将站点信息数字化，华为以"数字孪生"的方式，通过全景拍摄、图像 AI 识别和测量手段，获取站点完整的信息（如围栏尺寸、塔高、天线高度和防伪角度等），模拟出与现实中的物理站点完全一致的 3D 站点模型。另一方面，华为通过仿真等技术，直接远程在线进行智能化的站点规划设计，然后通过现场作业的视频拍摄，实时传送到后方，可以进行作业规范度远程质量检测和工程智能验收，从而减少了大量去现场的需求，大大提升了工作效率和数据准确性。

随着智能化在站点工程交付领域的推行，华为的站点交付工作效率大大提高，据统计，一年可节约数十亿元的交付成本，同时还大幅度降低了作业安全风险，改善了工作体验，提高了客户满意度。

除了上面两个案例，华为的智能化运用已经逐渐伸展到各业务领域。

华为消费者 BG 结合各领域业务场景对数据智能应用进行分析，识别了近 60 个场景。比如，快服务智慧平台（HUAWEI Ability Gallery），支持基于语音、视觉的智能交互体验，能够根据不同终端进行智慧分发，促使服务能够精准找人，用户能够快捷获取服务。另外，对于客户服务中客户通过声音反馈的问题，可以进行智能的观点识别、问题分类、情感判定等，将与内部研发 / 服务问题处理流程打通，形成内外部问题处理的闭环。

在财务领域，华为已经实现了通过 AI 进行用户画像、用户行为感知、知识智能推荐，构建了多维的智能财经知识分享体系，大大方便了人与知识的连接；在涉及面很广的全球差旅报销平台，也已经实现把知识点嵌入 IT 系统和自动机器人智能问答。

在供应链领域，华为实现了计划系统智能决策、物流系统运输线路智能优化、仓储智能管理等，在供应链全流程植入智能化能力，促使订单履行周期缩短了 2/3，大大提高了供应链的敏捷水平。

综上所述，在场景化业务智能领域，华为的经验是：智能化要立足于能感知、会思考、可执行、能进化 4 个维度进行业务场景数字化升级；要深入理解企业自身的业务特点，在智能驱动的数字化转型中，既不保守也不冒进，要大胆尝试。我们无须等待技术的至善至美，领先半步往往能够给企业带来巨大的竞争优势，企业可以从智能研发、智能销售、智能物流供应、智能制造等具体环节着手构建能快速落地的智能化场景，真正发挥新一代数字技术的业务创新优势；在智能驱动转型中，我们仍然要具备平台化思维。智能化需要运用非常多的数字化技术，包括大数据、云计算、5G、物联网、AI 等，我们不是要把这些技术发散地运用在各个智能场景，而是要依靠技术的组件化、服务化，把技术与共性的业务功能连接起来，形成具有业务价值的技术服务组件，以服务的形式沉淀到企业数字化共享平台上，供各个业务智能场景敏捷调取使用，以最优的成本和最快捷的方式推进智能化的进程。

对大型制造型企业来说，智能化具有非常大的发展潜力。智能化升级后的制造产业将释放更大规模、更高质量的效率红利，企业完全可以凭借智能驱动的数字化转型升级，加速企业向高质量的高端制造和智能制造转变。

业务管理决策智能：数据应用服务化，业务敏捷智能化

随着数字化转型的落地，大量数据的商业价值日益凸显。企业内部或社会各个层面几乎所有的价值创造活动，大都以"数字孪生"的形式存在于数字化世界当中。数据已经无处不在，并且已经成为企业或各类机构最核心的资产和生产要素。

在数据驱动阶段，企业重点解决了数据从"无"到"有"，从"有"到"可信"，从"可信"到"可视"的问题，但大量数据产生后，企业也将面临数据过剩的严峻局面。

如今我们生活在互联网时代，过载的信息铺天盖地裹挟而来，这些过载的信息把我们的时间切割成一个个小碎片，如果我们不加以识别、筛选和管理，就会把时间和精力浪费在对自己无用的大量垃圾信息上，而且一不小心就可能深陷其中、影响我们对事物的判断，导致我们在这些信息风暴中无所适从、迷失自我。

个人如此，企业也面临同样的问题。我们来看一个华为的例子。华为在统一的协同办公平台建立后，实现了组织在线和办公在线，为了方便沟通，华为建了很多沟通群组，类似现在的微信群。由于没有任何管控，群组泛滥成灾，秘书们为了方便，把大部门建成群，员工不分青红皂白把大量无须全

251

员过目的信息发到大群中，业务主管投入很多的精力查看这些无用的信息，该做的工作反而没时间做，严重影响了工作效率，并且带来很多安全风险。为此，任正非指出，业务主管要对垃圾信息负责，要严格管理各种群组，阻断垃圾信息的传播。为此，华为一方面制定群组管理规则，加强群组设立审批力度，尤其是大群组（比如 50 人以上的群组），大群组必须有严格的信息发布规则，要专人专用；另一方面，大量清理不合理群组，解散了一大批超大群组和重复群组，加强宣传教育，遏制垃圾信息，鼓励小范围沟通等。经过整改，华为不仅减少了 30% 以上的信息，而且由于更精准的沟通方式使内部的沟通效率有了很大的提高。

从华为的例子可以看出，在信息大量供给的情况下，如果企业没有规范化的信息消耗能力，这些信息反而会成为企业的负担。

回到数据的问题，企业在解决好数据供给问题后，需要更好地解决数据价值挖掘和数据消耗的问题，要想很好地防止数据过剩（即防止数据消耗失控）和挖掘数据价值，必须抓住最主要的数据消费场景，强化数据运营。因此，对于像华为这样数字化程度较高的企业，基于数据的业务智能化运营是提升数据价值最重要的举措。

业务智能化运营，是指企业在海量数据的基础上，通过数据挖掘和人工智能技术对业务数据进行智能化的分析，提供以业务为导向的更加便捷、安全、精准、智能的数据服务，从而实现基于事实和数据的、可量化的科学管理和智能决策。

推动业务智能化运营的重点，就是建立业务智能运营中心（Intelligent

Operations Center，IOC）。IOC 对准业务战略，基于战略的业务需求，通过数据建模分析技术和 AI 技术，对数据进行深入分析预测，实现全面集成的业务可视化、全方位的业务运营监控预警、业务作业指挥决策以及重大风险级问题处置等，对企业经营进行自动智能的"格物致知"，使原来基于人的事后管理模式转变成基于精细化数据的实时管理模式。IOC 的建立如同企业有了一个全新的数据智能化大脑，建立了一种掌控全局、快速自动响应的业务运营机制，从而很好地洞见未来，管理业务风险，提升运营效率，实现更为敏捷的精细化运营。

因此，有人把业务智能运营中心称为企业的智慧大脑。

近年来，华为在关键业务领域积极进行智能化业务运营探索和落地。比如在供应链的智能运营中心，实时更新的全球订单数据、全球生产数据、全球发货数据、全球物流数据、计划预测数据、供应风险点分析数据、实时动态预警信息等，都可以在智能大屏实时监控并以智能数据服务的方式推送给相关主管。在财经的智能运营中心，基于实时的全球结账信息、账务单证处理数据等，实现财经的智能监控和集成财经预算预测分析，并自动生成授权的经营数据报告卡片推送等。这些不同于以前的可视化看板，其关键是能够为实时、主动、智能化的决策提供支持，能够发挥对业务作战的指挥作用。

其实，不仅在企业场景，智能运营中心在政府数字化、城市数字化中也扮演着非常重要的角色，有时我们说它是城市的智慧大脑。智能运营中心是建立在城市各个领域的应用系统之上的指挥系统，它通过对政府各职能部门的业务信息进行整合，实现对整个城市的运行监测、分析决策、可视化指挥、应急管理等功能，对包括人口统计、民生服务、产业经济、事件处理等城市综合态势进行实时监控，基于数据的深入分析，实时在线识别风险，实现城市智能高效决策，支撑城市个性化、智慧化的市民服务，提升城市运行管理水平和突发事件的处置效率，实现跨部门联动指挥等。

一些数字化转型较快的标杆性企业，近几年已经开始构建企业各个业务领域的智能运营中心，目的是让企业拥有更加动态、智能的企业数字智慧大脑。

那么，如何做好业务智能运营呢？我们认为，做好业务智能运营的基础是加强共享化、自助化、智能化的数据服务，构建统一的数据服务中台。建立了这个数据服务底板，各业务领域就可以方便地基于数据服务中台，通过调用统一共享的数据服务，快速、灵活地推进以业务需求为导向的业务智能运营。

实现共享化、自助化、智能化的数据服务是规范数据消费行为、提高数据消费水平的核心。建立自助分析的共享能力和智能分享能力，包括：面向数据建模专家提供数据接入和数据分析组件；面向业务人员提供数据服务订阅和一站式自助分析报告快速实现模板和工具；面向用户和管理者提供读得懂的数据地图服务，主动推送其业务所需和权限范围内的数据分析及业务资讯服务；面向 IT 应用提供后台数据的接入、运算、挖掘和展现服务组件。例如，数据资产自助订阅服务、基于角色授权的智能报表卡片主动推送服务等。

在数字化转型过程中，企业要坚持数据服务化的方向，根据业界的调查研究，数据运营人员通常要把将近 80% 的时间用来收集、清洗和组织数据，只用 20% 的时间对数据进行分析、建模和服务化。因此，企业要改变以往数据的传统集成、粗放式管理方式以及分散的数据服务化模式，改变不同类型的岗位角色直接面对数据大海的模式，在数据服务化上多做文章，让企业上下可以基于标准化的数据服务管理规范和服务管理流程，通过调用封装好的各种数据服务，创造更大的数据资产的业务价值。

建立统一的数据服务中台是使能共享化、自助化、智能化数据服务的重要支撑。它为业务提供一站式的数据服务设计、开发、发布和生命周期管理。

综上所述，企业在很好地解决了数据的来源和供应问题以及业务数字化运作问题后，要把以业务为导向的数据智能化消费放在更为重要的位置上，统筹规划，把业务智能化运营作为提升数据消费能力的关键突破口，逐步建立业务智能运营中心、企业智慧大脑，以构建共享化、自助化、智能化数据服务为手段，以数据服务中台为支撑，真正发挥数字化的作用，共享数字化给企业带来的数据红利，实现基于事实和数据的、可量化的科学管理和智能决策，为企业打造更为坚实、智能的业务优势。这是企业深化数字化转型、打造数字化智能化企业的点睛之笔，也是数字化发展的必然趋势。

人际协作智能：迈向以"人"为中心的智能协同企业

前文谈到，智能的存在是为了支撑企业的运营效率，而运营效率主要体现在以下 3 个方面：流程效率、决策效率、人的效率。因此，华为当前在智能驱动数字化转型实践上主要聚焦于 3 个方面：业务流程场景智能、业务管理决策智能、人际协作智能。前两个方面我们已经做了探讨，本节讨论第三个方面。

2015 年，华为基于对未来的畅想，在数字化转型方面提出一个全新的用户体验模型，代表实时（Real-time）、按需（On-demand）、全在线（All-online）、服务自助（DIY）和社交化（Social），简称 ROADS。

2016 年，华为的变革规划提出，要完成自身的业务数字化转型，围绕运营商、消费者、员工、合作伙伴、供应商这 5 类用户，将他们对 ROADS 体验的需求融入华为流程以及数字化平台的变革之中，实现与客户做生意更简单、更高效、更安全的目的，打造全联结的智能华为，让运营更加敏捷、智能，实现全生命周期的用户体验管理，持续提升效率、降低成本、提升客户满意度。

ROADS 强调极致的用户体验，从以功能需求为中心转变成以人为中心，以 ROADS 数字化体验为优先的变革目标。我们在这里重点介绍一下华为人际协作智能——面向内部员工的智能办公数字化建设。

传统数字化的 IT 应用模式，经过数字化转型和流程变革，在流程拉通、数据拉通的业务流程和数据集成层面得到极大的完善，但从员工和用户的角度，这些 IT 应用依然等同于一个个"孤岛"，用户需要通过不同的入口完成相关的业务，获得的用户体验很不一致，在移动互联网时代，这样的体验感很难满足用户的需求。

企业的运营效率主要体现在以下 3 个方面：流程效率、决策效率、人的效率。

第一，流程效率。企业主要关注生产制造、业务服务、作业流程的流程打通与简化，主要聚焦在端到端流程效率而非局部效率。比如，企业全球财务月结时间如何从 12 天缩短至 5 天甚至缩短至 3 天，客户在华为商城购买华为手机，从下单到客户收货的时间如何优化等。

第二，决策效率。企业主要依靠智能决策，提升决策的前瞻性和准确性，提升经营管理水平和战略决断力。

第三，人的效率。流程效率通过流程驱动转型变革得到较大的提升；决策效率通过数据驱动和智能驱动的持续改进得到提高；在人效方面，也应该通过数字化转型得到持续关注。尤其是在智能驱动阶段，企业应该基于人与人之间、人与组织之间、组织与组织之间、人与知识之间的协同、交流沟通等，聚焦人的数字化办公、群组的数字化协同，从个体和团队维度改善数字化体验，提高人的工作效率。比如华为有 20 万名员工，如果每人每天少浪费

1 分钟，那么相当于公司减少 400 多名⊖员工的浪费！由此可见，提升人的效率在大型企业中的重要性。

为此，华为首先从内部员工的用户体验出发，以 ROADS 为目标构建全连接的智能化、一站式、随需而变的协同办公平台。

在这样的背景下，华为面向市场推出了智能远程办公产品——WeLink 智能工作平台。一时之间，华为的这个产品受到众多企业的广泛关注，其原因不仅仅是这款产品自身切合疫情期间和企业数字化转型的关键需求，还因为它源自华为内部数字化转型在办公数字化领域多年来的实践。所以，WeLink 的宣传语就是"更懂企业的智能工作平台"，许多感兴趣的企业，也希望从这款产品中更多地了解华为办公数字化的经验和转型思路。

那么，华为在数字化转型中，到底是如何推动办公数字化和办公智能化的？

了解数字化的人应该知道，企业数字化转型过程中，"统一体验""安全高效""智能协同"，是企业数字化办公协同平台的几个关键词。

数字化协同办公平台的愿景是，以提升人的效率为使命，让数字化办公唾手可得，无论何种设备，无论何时何地，都能获得安全、体验一致的数字化办公环境，实现企业统一入口、网络安全可靠、用户随时在线、个人敏捷办公、团队高效协同的目标。

华为从 2009 年开始，全面启动了全球统一 IT 装备与办公协同的变革。

⊖ 以每人每天工作 8 小时计算，200000÷60÷8=400（人·天）。

因为我们发现，前几年零星解决海外一线的碎片化办公需求的模式，无法从根本上满足业务快速全球化的迫切需要。

我们来看看华为当时面临的办公环境的挑战。

在经历了最初 10 多年的快速发展、中国国内业务站稳脚跟取得优势的背景下，华为开始尝试走出国门，把业务推向海外市场。2000 年，华为开始全力以赴推进业务全球化。经过几年的努力，华为海外业务出现了快速增长的势头，客户遍布 180 多个国家及地区，2005 年海外收入首次超过国内，2008 年海外业务收入达到公司总收入的 75%，总收入增长速度之快让华为自己都难以置信，她已成为全球化程度最高的中国高科技企业。据《华为 2019 年可持续发展报告》："华为外籍员工占比超过 20%，各代表处的本地化率超过 67%。"任正非于 2020 年 3 月 24 日接受媒体采访时也谈道："因为我们本身是全球化公司，外籍员工有 4 万人，主要是中高端。因此，我们的成功是全球化成长起来的。"

在全球化过程中，华为员工的日常办公和协同面临巨大的挑战。

- 90% 的公司高管需要高频率出差海内外，日常还要参加大量会议，其中将近 1/3 的会议需要在出差途中参加。
- 每天有 2/3 的营销人员在与客户见面、交流、开会或者在出差途中处理客户的问题。
- 80% 的服务交付人员需要在全球的野外站点和施工现场，与位于深圳的华为公司机关、地区部沟通交付问题。
- 全球 30 多个研发中心采用异地协作开发模式工作，有大量的研发人员在协作开发中需要异地办公。

在这样的背景下，远程办公、移动办公、在线协同成了华为数字化既重要又紧急的业务需要，成为推动华为比较早期大规模投入全球协同办公平台建设的最主要原因。

如何在全球化的华为实现唐代诗人王勃曾经向往的境况，"海内存知己，天涯若比邻"，把全球数百个办公场所和全球员工连成一个整体，不受时区和物理环境的约束，是华为当时数字化面临的重要课题。

在办公数字化建设中，IT 部门往往就事论事，基本上采取"用技术解决问题"的思路，没有系统规划、没有业务视角、没有用户体验感知、没有长远考量，由于办公平台是企业用户量最大、使用频率最高的数字化平台，用户体验的好坏，会严重影响企业"人效"的改善，并直接影响企业数字化转型的成果。笔者去过一家企业，发现其办公平台非常凌乱，市面上的几款办公软件都在使用，互不集成，相互交叉，企业又下不了决心把这些分散的平台整合起来，只好一直将就着使用，深陷效率低、数据不一致、数字化越来越困难的困境。

华为的思路是，办公平台的建设是企业办公模式和组织协作模式的变革，需要立足一线业务需求，站在全局的角度，统一规划、统一架构、基于角色和场景提供解决方案，分步实施，最终建设成为企业最主要的数字化入口。

基于这种思路，华为在构建内部协同办公平台时，采取的主要策略与措施如下。

建立全球统一的办公 IT 标准，打好办公数字化变革基础

许多企业尤其是集团企业，内部 IT 办公设备和设施基本上各自为政，五花八门，常常出现品类多、版本不统一、接口不标准等现象，给办公平台的整合造成很大的集成难度，影响办公平台的全面推行。所以，企业必须制定适合自身需要的办公 IT 标准和相应的标准认证与管理机制，并明确哪些必须强制执行，哪些可以非强制参考执行。

华为的办公 IT 标准中，有应用级的标准，如所有办公应用的语言标准，即所有应用至少是中文和英文双语应用，必须统一认证；有设备级的标准，如办公 IT 设备、网络设备、视频设备、门禁设备、考勤设备等；也有操作层面的标准，如计算机硬盘分区规范等。

举一个例子，华为员工使用的笔记本电脑，在全球范围内的标准是统一的，采用供应商全球集中认证，由当地自行采用，全球维修保养统一服务，这样既大大节约了采购成本（据当时的初步评估，标准化带来的节约每年有数千万美元），又有利于全球统一协同办公平台的推行，节约了推行成本，提高了推行效率，还可以防止腐败。

统一的在线协同办公是最普遍、最具有共性的数字化转型基本需求，要敢于利用其易于数字化、平台化的特点，加强基础性的 IT 标准化工作，以便减少变革转型的阻力和风险。

建立统一门户，打造单一数字化入口

随着华为数字化的推进，华为有多达上百个应用系统，每名员工需要面

对的 IT 应用系统越来越多，许多员工经常花时间在不同的 IT 系统之间来回切换，IT 系统太多还容易造成账号和密码的遗忘。几番折腾，人累得不行了，工作还被耽误，导致办公效率非常低。

因此，企业数字化迫切需要一个统一的"门户"，将各 IT 系统进行横向的有效连接，把员工的工作和办公连接起来，解决普遍的工作协同问题。与此同时，员工有了统一的用户入口和一致性的在线工作平台，可以大大改善用户体验，降低系统的学习成本，化繁为简，从而实现员工轻松工作，拥抱数字化。

华为通过统一门户建设，实现了统一账号管理、集中身份认证、单点登录、统一应用入口、统一信息共享和搜索服务，以及电话/视频会议服务等。

基于角色和场景建立角色工作频道

在办公平台的设计理念上，企业应该摒弃大一统的设计模式。这种模式曾经是大型商业软件包普遍采用的模式，一个版本千百个行业的用户都可用，这在数字化尚未普及的时代是可行的，但在数字化时代，这样的设计会大大降低用户效率，尤其是在其作为最基础、最贴近用户的企业办公平台时。

华为充分吸取标杆企业的实践经验，提出平台频道化，基于关键角色类型和业务场景构建角色频道。

角色频道是协同办公平台最贴近业务、最能产生业务价值的部分，必须以业务为主导，从业务实际需求出发，梳理每个关键角色的主要业务场景，把该角色频道建设成这些场景下所有数字化应用的统一处理入口，把办公和应用连接起来。

华为最初就是从一线角色入手，优先建立了"业务铁三角"（客户经理、解决方案经理、服务交付经理）的角色频道，并将之逐步推广到其他关键角色。

除了业务角色频道，公共频道建设也要场景化。比如，华为根据员工的调查反馈，确定了"我要出差""我是新员工""我需要 IT 服务"等公共业务场景需求，用流程的形式、以员工容易理解的语言，把该场景的流程应用连接起来，呈现在公共频道上，极大地改善了员工的使用体验。

聚焦主航道的主要移动化场景构建移动办公 App

移动化是办公平台很重要的组成部分，华为推行移动化后的效果评估表明，华为的办公移动化使华为一线办公效率提升了 40%。

华为认为，移动化不能简单复制网页版的办公频道，而要聚焦主航道、主业务，识别、梳理可以移动化的主要场景，在这些场景下使用移动应用的主要角色。比如，华为优先对海外一线业务进行可移动业务梳理，明确了客户活动、采购物流、现场交付、售后服务等移动化场景，这些移动化场景的流程主要角色为市场人员、服务人员、管理者。他们需要 4 类移动需求：信息采集类、审批类、查询类、报表类。

一线关键业务实现移动化后，极大地改变了华为一线员工的办公和生活方式。华为员工无论在出差途中还是在野外作业，打开智能手机或智能终端，就能方便地参加会议、处理流程、查阅公司资讯、获得移动差旅服务、进行野外信息处理等。

根据我们的经验，80% 的移动化场景集中在销售、服务、商业智能和物流等领域。

建设知识社区，实现知识场景化管理，形成知识分享氛围

建立人与知识的高效连接，是协同办公平台的关键需求之一，让知识唾手可得，分享无处不在。华为借助这个平台的变革，推动各个业务领域的知识管理工作，建立业务知识库和场景化知识呈现模式以及专家交流社区，如营销资料（华为称为 3MS）频道、研发专家技术社区等。

构筑办公端到端安全，兼顾安全与效率

安全问题是协同办公平台规划必须考虑的问题，当大量的移动终端接入企业内部时，安全隐患也会随之而来。从终端到网络再到应用，全链路处处都可能成为内外人员攻击或泄密的目标。

随着技术的发展以及云计算、5G、AI 技术在企业的广泛应用，协同办公更加关注以用户为中心的办公体验，基于场景、角色、智能感知的个性化办公环境越来越多地受到用户的喜爱，华为也在连接员工、合作伙伴等智能化办公变革中，持续进行深入改进和尝试。

华为的协同办公平台建设在当时的环境下应该是比较超前的，业务视角的频道、统一的风格、集成的业务操作和流程处理模式、拓展性强的架构常常让到华为参观访问的企业领导惊叹。

2017 年，华为把原来的协同办公平台升级为更加智能、安全、开放的智

能工作平台 WeLink1.0 版，并开始把它作为产品推向市场。据华为的 WeLink 产品经理介绍，到 2020 年，WeLink 全球华为用户达到 19.5 万，日活率为 99.8%，日连接量超过 1200 万次，连接团队 52 万个，连接白板 1.4 万块，连接业务 700 多个，连接知识 21 亿次 / 年。全球华为人整体协作效率提升 30%，员工满意度在 90 分以上。

从企业随时在线，到企业智能办公，数字化的演进对企业来说既是挑战又是机遇。云计算也好、AI 技术也好，关键是要让企业协同办公平台将员工从繁复凌乱和不增值的活动中释放出来，更加放心、自如地把精力聚焦在客户价值创造和产品创新之中，为企业带来更大的数字化价值，这才是智能办公平台能够赋予企业的最核心的使命。

后记
新场景下的数字化转型思考

没有人能够停留在过去，我们终将走进新场景，而数字化转型将是一种新趋势。所有走向规模化发展的企业都要为此做好准备。在新场景下如何推进数字化转型？笔者有如下四点思考，供读者参考。

思考一：正在进行数字化转型的企业要解决好数字化领域的"熵增"难题

随着数字化转型的深入推进，企业会面临一个非常艰难的境地：数字化领域的"熵增"。

什么是"熵增"？

"熵"是西方热力学第二定律中的一个概念，把它从自然科学引入社会科学后，"熵"就代表管理上的无序程度。它揭示了宇宙演化的基本规律：所有事物都会向着无规律、无序和混乱方向演化，最后走向灭亡。

华为成立 30 余年的发展过程就是对抗熵增、努力熵减的历程：从管理哲学阐述到各项政策制定，包括业务战略、管理变革、人才管理等方面，契合"耗散结构"的特征，提倡与外界积极开展物质、能量、信息交换的开放精神，通过简化管理打破平衡态，克服组织超稳态、流程冗长、机构臃肿、协同复杂等大企业病，促使公司熵减，激发活力，走向持续发展。

任正非说："我们一定要加强中高级干部和专家的实践循环，在循环中开阔视野、增加见识、提高能力。这就是熵减。万物生长是熵减，战略预备队循环流动是熵减，干部增加实践知识是熵减，破格提拔干部是熵减，合理的年龄退休也是熵减……"

生命以负熵为生，企业如此，数字化更是如此。

在数字化转型持续深入的背景下：

- 企业在线的业务越来越多；
- 企业内外部的数据交互共享越来越频繁和实时；
- 支撑的 IT 系统越来越复杂；
- 数据量越来越呈指数级增长；
- 企业和员工对数字化的依赖性越来越强；
- 技术复杂度和对技术专业能力的要求越来越高；
- 技术更新的压力和难度越来越大。

所有这些，都会让企业在数字化转型过程中以及结束后，背上沉重的包袱，数据化决策越来越趋于保守，数字化转型越来越显现疲态，数字化转型的成果和优势越来越可能成为怠惰的借口！

以华为为例。华为数字化转型进入深水区后，在业务上，端到端流程的打通仍然存在许多跨流程的集成问题；数据"断点多，采集难、获取难、理解难、不可信"等现象仍会长期困扰数据智能；基于场景化的前端一站式轻应用服务平台仍然受制于复杂的大规模架构解耦；场景智能化还在进行中，离全面智能还有很长的变革之路要走……数字化的熵增现象已然显现，具体表现如下。

（1）紧耦合的 IT 架构使 IT 系统越来越复杂和难以管控。其直接影响是资源的消耗越来越庞大，IT 产品开发、接口集成开发的工作量呈指数级上升，历史包袱越来越重，任何一点功能的变动可能都需要大规模的集成测试和开发，IT 外包开发资源的需求也随之激增。

（2）网络安全、数据安全风险更加突出。尽管构建了数据湖、加强了数据的安全和共享，但美国将华为列入实体清单之后，华为面临的安全风险比以前更难防范，也更具挑战。

（3）数字化自主替代的数字化策略，给本已复杂的 IT 应用环境带来更为混乱甚至可能失控的局面，是自主开发还是继续尽可能坚持软件外包以及对外开放合作的抉择变得异常艰难。

（4）变革、流程化、数字化的价值和改进效应逐步递减，容易出现变革疲态和迷茫。

（5）一些管理者或多或少还在坚持追求极致、过度数字化的思维。

任正非曾经指出：“过去 20 年，我们把公司内部摆不平的问题基本摆平了，走向一个平衡状态，形成了公司的大平台和总体机制，组织能流动，这么多人滚滚向前还能团结成一个整体，这应该和我们平衡导向的体系建设有很大的关系。我们未来的政策就是要适当地打破这种平衡，内部不平衡才是组织优化自身的动力。我们总是在稳定不稳定、平衡不平衡的时候，交替进行变革，从而使公司保持活力。"

企业也要适时打破数字化转型中的平衡态，必须及时化解数字化转型的熵增风险。

我们认为，企业通过以下措施，可以有效控制熵增，达到有序"负熵"的效果。

- 数字化转型必须进一步强化回归业务经营的根本，必须以客户为中心，做好需求优先级管理和转型目标牵引，坚持夯实一层再加把土的"慢即是快"的数字化转型哲学。

- 持续加强企业架构治理，尤其是应用架构和数据架构，适时推动架构的优化升级。

- 必须坚持最少量自主系统开发，坚持合作共赢、建立长期的数字化合作生态。

- 必须把数字化长期运营作为企业重要的业务来管理。

- 强化 IT 应用和数据的业务责任机制，坚持强制性的 IT 系统清理（华为曾经以是否有用户和流量为标准来判定系统存在的合理性）和数据清理，定期对系统进行升级换代，推动系统和数据减负瘦身。

- 必须更加重视数据安全体系的建设和运营。

- 必须持续重视数字化人才的引进和培养。

思考二：要避免陷入"一切皆可数字化"的过度超前思维

将一切数字化是否可能？

我们认为，从目前的技术和企业管理的视角看，基本不可能。最难数字化的是人的行为、大脑的思维和创新决策的非理性。

我们必须坚持适用原则，避免过度数字化，让企业穿上"红舞鞋"；否则，即使企业在数字化转型上投入了巨额资金和诸多精力，但结果极有可能并未真正摆脱企业发展的管理困境。

要实现数字化投入与数字化转型成效之间的基本平衡，企业必须将数字化转型融入业务的日常运营和企业的管理，与业务深度融合集成，坚持以业务结果为唯一的评判标准。

思考三：所有企业都要为物联网和智能时代做好准备

随着物联网基础设施环境的不断完善以及物联网、AI 技术的深入应用，"万物互联"的时代离我们越来越近了。面向未来的新数字化场景，主要是基于"物联网 | 人工智能"的智慧场景。

我们在智能驱动数字化转型的章节谈到，智能化其实包括流程场景智能、管理决策智能和人际协同智能。流程场景智能是未来最重要的发展方向，场景智能在很大程度上又与物联网技术的应用紧密相关；管理决策智能已经相对成熟，是智能化驱动的转型重点；人际协同智能经常被企业忽略，人的效率将是未来最大的瓶颈。其实，关于智能化还有一点本书并未探讨，那就是产品智能，这主要由企业产品升级和发展战略决定，属于业务范畴。

笔者认为，在数字化转型的进程中，所有 CIO 或转型变革管理者，都需要为物联网、全面智能做好准备，至少需要进行认真的技术跟踪、实践探索以及长远规划、人才储备。因为不管是物联网还是人工智能，它们的广泛应用和深入发展将改变未来，毋庸置疑，这一趋势是不可逆的。

CIO 们、企业家们要保持足够的耐心。因为真正的物联网世界和全面智能时代的到来可能还需要一些时间，物联网技术、AI 技术等仍然有许多核心问题需要解决，比如：未来传感器接入和物联网 AI 芯片等核心技术的突破；低时延、低成本、低能耗的通信技术（如 5G）的大规模推广；物联网生态基础软件系统（如鸿蒙操作系统）的成熟应用。

我们要在数字化过程中转变思维，以场景化思维渗透各个实际应用场景，逐步推进物联网和人工智能在企业的新应用发展模式。

思考四：数字化转型是没有终点、无止境但必须走的升华旅程，要采取坚决的行动，让数字化真正发挥效力，实现更大的商业成功

我们提到数字化熵增，提到不能过度数字化，但正如我们反复强调的那样，数字化转型是所有想要永续经营的企业发展的必由之路，任何企业不能因噎废食，裹足不前，必须尽快、有序、用心行动，在发展中解决问题，在转型中学会驾驭数字化，在数字化中提升企业管理，在提升企业管理中赢得竞争优势，在竞争中赢取未来。

凡是过往，皆为序章。

不管企业的信息化目前处于哪个阶段，不管大家对数字化有多少误解和

实践，在数字化时代已经大步向我们走来的当下，数字化转型已经是当今企业发展、社会进步的新常态。这是一个永无止境的企业升华旅程，虽然有风雨，但终能见彩虹！相信有追求的企业家必定会采取坚决的行动，让数字化真正发挥效力，引领企业实现更大的商业成功。

因为相信，所以坚持；因为坚持，所以看见。

这就是数字化转型！

附录

全景案例：集成供应链变革

如果在华为寻找一个数字化转型全景案例，把流程驱动、数据驱动、智能驱动都呈现出来，那么供应链领域的变革是首屈一指的好案例。我们把这个全景案例的解析作为本书附录，帮助读者更直观地理解本书正文诠释的华为数字化转型模型——钻石模型。

任正非说："集成供应链的问题解决了，公司的运营管理问题就基本上解决了。公司的运营就像长江一样的主流和主流上的小溪，供应链就是长江这条主流。"

华为从本土化到国际化再到全球化，业务的快速增长，尤其是海外市场爆发式增长并没有造成公司计划、供应、交付、服务等方面的管理紊乱和成本失控，其中集成供应链管理变革功不可没。流程化、数字化和智能化是实现供应链创新和变革最有效的引擎，华为在集成供应链领域的变革和数字化转型持续了 10 多年，不断迭代，持续优化，稳扎稳打，上下一条心，坚持要把集成供应链做成功。

华为集成供应链变革的主要历程

变革之前的华为供应链，管理水平与公司业务发展的要求差距很大。例如：销售合同不规范，合同更改频繁，紧急订单达到 30% ~ 40%；没有像样的可执行的计划预测体系，客户需求和销售预测不准确，计划与供应能力脱节；发货不齐套不及时，及时齐套发货率只有 20% ~ 30%；供应商供货周期长，供应商管理缺失，物料缺乏安全供应管理；内部各环节各自为政，订单处理周期长（华为是行业标杆的 1.5 倍），库存周转率低（华为是行业标杆的 1/3）；等等。

通过顾问评估发现，华为的供应链管理只发挥了 20% 的效率，需要改进的空间非常大。而华为的供应链是提升管理水平的三大主干流程领域之一，因此，需要尽快着手集成供应链变革。

从 1999 年开始的华为集成供应链领域的变革，可以大致分成如下几个阶段。

内部集成供应链阶段

1999—2004 年开展的集成供应链服务变革，又称 ISC 变革项目。这个阶段的主要任务是建立以客户为中心，低成本、集成的供应链，包括华为内部供应链五大流程拉通、供应链组织变革与支撑以上供应链变革的数字化系统建设等。

ISC 变革项目是在 IBM 顾问的指导下展开的。项目采用供应链运作参考模型（Supply Chain Operations Reference Model，SCOR）作为流程建模方法，以流程为驱动，重新定义计划、订单、采购、制造、物流（包含逆向物流）五大流程，重构华为内部供应链组织，改变原来供应链各模块各自为政、烟囱式功能组织运作模式，形成以销售与运营计划为驱动力，打通订单管理、采购管理、生产管理、物流管理等供应链主干流程的规范化供应链运作体系。

接下来，我们具体来看看当时的几项关键变革内容。

在供应链领域，计划是龙头，计划准确了，后端的管理也就简单了。IBM 顾问当时通过对华为供应链进行分析，提出了 24 个关键变革点，计划领域就包含了 6 个变革点，具体包括：对所有产品线推行销售与运作计划流程（S & OP）；制定无约束的客户销售预测，并集成到 IT 计划系统中；提高需求计划（MRP）数据的准确性等。

因此，ISC 变革首先从计划入手，首次引入 S & OP 模式，改变生产供应与市场需求脱节的问题，以销售预测和滚动要货计划为源头，制定真实反映市场的需求预测，并将其运用到 ERP 系统，从而指导后续的计划，包括生产计划、采购库存计划、物流计划等；打通销售与供应链各相关流程环节，推动各领域有效资源的综合平衡，以保障公司整体经营战略目标的实现。

ISC 变革是华为计划体系建设的起点，后续多年在计划体系继续变革，包括改进计划方法、优化以客户需求为中心的计划调度流程、建立各级计划委员会、实施高级计划系统并优化 ERP 主干系统计划模块和生产调度系统，促使华为形成了完整的集成计划链条和强有力的数字化系统支撑，有效保障公司业务的高速发展。

条码系统的推行也大大提高了集成供应链管理水平。在供应链领域全面推行条码并与 ERP 主干系统集成，华为通过采用条码等数字化技术，赋予每个产品、每个物料全供应链以及整个生命周期唯一的条码身份标签，提高仓库和物流的准确率及运作效率，帮助提高供应链管理质量。

另外，基于流程化组织建设的原则，变革方案提出了打破原来的功能部门管理模式、重组成立基于集成供应链流程的全球统一供应链管理组织，供应链管理部。把原来分散的生产部门、计划部门、采购部门、进出口部门、认证部门、仓储部门等所有供应链相关组织统一合并，目标是打通供应链内部业务、流程和数据，降低成本，提高库存周转率，提升供应效率，从供应链上构建华为的竞争优势。

全球协同供应链阶段

2005—2009 年的全球供应链变革，又称 GSC 变革。这个阶段的主要任务是打造具有竞争优势的全球化供应链体系，包括建立全球多级供应网络，实现全球供应共享中心建设，打通外部客户和供应商等内外部供应链流程与信息。

GSC 变革是在 ISC 变革的基础上进一步展开的供应链领域的深化变革。ISC 变革已经实现了计划、订单、采购、生产、制造等供应链业务的集成贯通。但到了 2005 年，华为海外业务开始快速发展，为了实现"供应链能够支撑公司海外业务发展"的目标，以成本最优、效率最高的供应链能力完成对全球客户的合同履行和交付，华为提出以"简单化、标准化和 IT 自动化"为原则，以提高海外业务的处理效率和运作效率、满足全球客户的订单要求为任务，以建设一个响应速度快、运作成本低、质量水平高、具有竞争优势的全球化供应链体系为战略目标的全球供应链变革方案。

这一阶段的主要工作，如同本书前面介绍的数据驱动数字化转型，大致如下。

（1）建立全球供应网络和组织，实现全球化的多中心供应的合理布局：从当时国内单一生产制造体系、单一仓储物流体系等单一供应链集中模式，建设成以两周到货供应圈为设计目标的全球多中心供应网络，包括五大生产供应中心、三大区域物流中心和五大全球采购中心。这一策略全面提升了华为的全球供应竞争优势，解决了物流、产能、仓储、成本等方面的短板。

（2）推行标准化供应链数字化平台＋本地化供应链 IT 支撑工具，将集成供应链标准化流程推广到全世界，基本实现了全球业务的标准化和信息化管理，实现了全球一体化的需求预测，以及统一的、数字化的计划、订单、采购、物流、付款等运作流程。同时，在推行共性流程标准化过程中，对本地个性化需求也提供相应流程对接和 IT 工具支撑，很好地解决了共性共享与个性需求的问题，大大提升了全球供应链的服务效率和交付质量。

（3）打通研发与供应链的产品数据，关键是确保产品配置数据的准确性。华为在全球同步推行合同订单集成配置系统，打通研发、销售和订单生产数据，改善数据源的数据质量，解决全球订单的统一履行管理和及时有效交付的问题（订单及时交付率提高了 3 倍），提升了全球合同信息的准确率和计划系统的可靠性（库存、订单等数据的准确性从 90% 提高到 99.5%），大大缩短了订单运作处理周期（从 2 个月缩短到 2 周）。

（4）全面打通交易层面以及上下游企业的供应链数据流。华为全面完善供应链应用架构，优化并在全球推行主应用系统，包括支持多供应模式的高级计划管理，实施全球物流、供应商管理等，改善以用户体验和效率优先为目标的执行层支撑系统，包括采购 iBuy、eGo、订单履行调度等生产信息化管理系统应用。

建立与上下游供应链横向集成的跨企业协同平台：客户交易集成平台和供应商协同集成平台。

多业务供应链优化阶段

2009—2014 年，华为主要优化供应链支持多个 BG 的业务，其中最重要的优化是华为面向消费者领域终端柔性供应链建设。在这一阶段，另一个优化重点是打通生产供应与客户服务交付之间的断点，打通客户合同到交付验收的全流程，实现供应与服务履行的无缝衔接。

主动智能供应链阶段

华为自 2015 年以来实施的全球供应链变革，又称"ISC+ 变革"。这个阶段的主要任务是构建及时、敏捷、可靠的主动型供应链，使华为的集成供应链更简单、更及时、更准确，完成"实现超越，成为行业领导者"的战略目标。

这一阶段主要的变革与转型如下。

（1）业务服务化和IT轻量化。在智能化驱动下，IT应用架构需要进一步重构，改变前后端紧耦合的重载应用模式，用轻量级的IT服务化架构赋能ISC+变革，通过服务化构建轻量级、分层解耦的应用能力，让业务更敏捷。

（2）一站式数字化场景。以业务场景为中心，华为围绕一线作业人员、供应商、合作伙伴、客户来实现轻量级一站式前端App应用。

在客户层面，华为推动改变当前与客户以线下为主的业务模式，搭建线上交易平台，与客户实现数字化连接协同，支撑供应链在产品或项目交付方面实现主动服务，改善客户的交易体验，降低供应链成本。

在供应商和合作伙伴层面，华为通过建立供应商在线协同管理平台，实现与供应商、合作伙伴的全面连接，不仅改善了供应商与华为的交易体验，更为重要的是，可以使供应商的可供应能力实时可视，实现及时的供应风险预警，促进上下游供应链条的协同。

（3）简化交易和决策授权。华为通过数字化支持将更多的集中管理转变为一线自主决策、总部机关提供能力支撑和监管的管理模式，加大一线授权，缩短决策链，提升一线作战平台能力（比如逐步增多基层/代表处的审结范围，采购订单审结，以代表处为中心的项目决策等），让业务更敏捷。

（4）智能化转型。华为建立了全球供应链智能运营中心，将之前以统计为主的业务可视化，转变为基于统一人工智能技术的智能决策和风险预测模式。华为董事长梁华表示，通过"给服务以平台"，让数字化技术和数字化平台帮助企业建立数据驱动的运营系统，构建数字化生产和数字化商业模式，显著提高运营效率、可靠性和预测能力。

为实现这一目标，ISC+ 变革需要继续推动数据底座的建设，包括订单结构重构、端到端单板信息打通，上下游供应链信息的整合以及产品配置标准化、合同商务信息标准化、交付和供应服务标准化等。

（5）数字化智能制造。其中包括智慧工厂、自动化立体仓库等。本书第 6 章对此已做详细介绍，这里不再赘述。

华为集成供应链变革的重要启示

数字化转型是企业发展的必由之路

在华为，各个领域开放学习先进管理实践，通过开展数字化工程，构建基于数据决策的现代管理体系是一条必由之路。任正非曾经在华为首届"蓝血十杰"表彰大会上指出："从历史角度看，蒸汽机和电力都曾在产业和社会生活中起过革命性的作用，但这些技术革命不是颠覆而是极大地推动了社会和生产的进步。互联网也不例外，其本质作用在于用信息化改造实体经济，增强其优质、低成本和快速响应客户需求的能力。一句话，提升实体经济的核心竞争力。华为之所以能够在全球市场取得今天的成绩，就是因为华为十几年来真正认认真真、恭恭敬敬地向西方优秀公司学习管理，真正走上了西方优秀公司走过的路。"

未来的华为除了靠产品创新，更要靠严格、有效、简单的现代管理体系，只有这样，才能实现大视野、大战略。这是一条成功之路，也是一条必由之路。

数字化要对准城墙口

在核心竞争力领域持续进行变革和数字化转型，才能实现超越，获得战略优势。

集成供应链解决了，公司的运营管理问题就基本解决了。供应链是企业的核心竞争力，在核心竞争力领域，是数字化转型的重中之重。数字化、智能化的集成供应链建设是一个持续时间长、涉及面广的变革过程，变革和转型目标要与时俱进，与公司战略相匹配。企业要坚持业务愿景目标和技术双轮驱动，业务和IT是主战部队，对准城墙口，几年乃至几十年始终坚定不移地冲锋，不断改良、优化、转型、升级，最终才能实现超越，成就业务卓越和行业领先。在供应链领域如此，在其他领域的变革和数字化转型亦是如此。

坚持递进式变革的数字化实施路径

从华为供应链体系变革实践可以看出，从流程化到数字化再到智能化，这是基于企业业务发展的需要，顺理成章、水到渠成的管理变革与数字化升级过程。

打通内部供应链体系是数字化转型的基础，这个基础就是流程驱动的数字化转型，企业必须把这个基础打牢，夯实并不断扩展供应链体系的数据底座。在此基础上，企业首先朝着更简单、更及时、更准确的高效低成本主动型供应链目标前进，逐步推动建立基于共享的多中心供应网络、全球拉通的一体化计划运作体系、智能化的制造体系等；其次，实现与研发、销售的跨流程数据信息打通，与产业链上下游企业主动协同；最后，在数据分析和人工智能的基础上建立起风险可管理的供应链智能运营中心和例行化的数字化运营管理模式。

数字化应用架构同样要与时俱进

轻前端应用的应用架构应该是面向未来数字化智能化的重要方向：将前端基于集成的业务场景作为出发点，以高效、敏捷、体验为设计目标，建立一站式的轻前端应用，与后端解耦，后端业务逻辑逐步云化、服务化和数据共享化。这种架构有利于企业应对外部市场环境变化和企业战略调整，是企业在数字化进入智能化阶段需要认真思考的课题。

虽然华为在被美国列入实体清单之后，数字化的任务更为艰巨，业务重心也可能需要调整，但是支持业务活下来，确保业务安全、稳定、不间断运营下去，也应该是数字化转型新时期的重要任务。华为的数字化转型从1998年的变革开始，就一直在路上。今后，每个业务领域都要围绕业务战略的目标和数字化转型的变革方向，坚定地向前走。只要业务有问题和危机，只要业务有新的目标需要去突破，数字化转型就不能也不会停歇。

综上所述，华为集成供应链领域变革和转型，从内部集成到全球化，再到智能化，前后经历了10多年，给我们很重要的启示：必须坚持渐进式变革的数字化实施路径，从流程化到数字化再到智能化，是基于企业业务发展的需要，顺理成章、水到渠成的管理变革与数字化转型过程。

参考文献
REFERENCE

[1] 黄卫伟 . 以客户为中心：华为公司业务管理纲要 [M]. 北京 : 中信出版社，2016.

[2] 黄卫伟 . 以奋斗者为本：华为公司人力资源管理纲要 [M]. 北京 : 中信出版社，
    2014.

[3] 黄卫伟 . 价值为纲：华为公司财经管理纲要 [M]. 北京 : 中信出版社，2017.

[4] 华为公司数据管理部 . 华为数据之道 [M]. 北京 : 机械工业出版社，2021.

[5] 田涛，吴春波 . 下一个倒下的会不会是华为 [M]. 北京 : 中信出版社，2012.

[6] 邓斌 . 华为管理之道：任正非的 36 个管理高频词 [M]. 北京 : 人民邮电出版社，
    2019.

[7] 田涛 . 华为访谈录 [M]. 北京 : 中信出版社，2021.

[8] 约翰 P 科特 . 领导变革 [M]. 徐中，译 . 北京 : 机械工业出版社，2014.

[9] 吴晓波 . 华为管理变革 [M]. 北京 : 中信出版社，2017.